隨身佛典

東晉罽賓三藏瞿曇僧伽提婆 譯

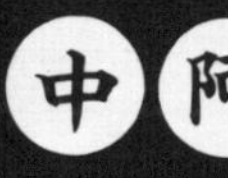

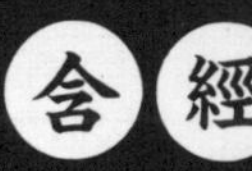

東晉罽賓三藏瞿曇僧伽提婆　譯

隨身佛典

中阿含經

東晉罽賓三藏瞿曇僧伽提婆 譯

隨身佛典

東晉罽賓三藏瞿曇僧伽提婆 譯

隨身佛典

中阿含經

第二冊

卷七～卷十三

東晉罽賓三藏瞿曇僧伽提婆　譯

◉目錄〔第二冊〕

習相應品第五

卷十

中阿含經卷第七

東晉罽賓三藏瞿曇僧伽提婆譯

（二九）舍梨子相應品大拘絺羅經第九 初一日誦

我聞如是：一時，佛遊王舍城在竹林加蘭哆園。

爾時尊者舍梨子則於晡時從燕坐起，至尊者大拘絺羅所，共相問訊，却坐一面。尊者舍梨子語尊者大拘絺羅：「我欲有所問，聽我問耶？」

尊者大拘絺羅答曰：「尊者舍梨子！欲問便問，我聞已當思。」

尊者舍梨子問曰：「賢者大拘絺羅！頗有事，因此事比丘成就見，得正見，於法得不壞淨，入正法耶？」

答曰：「有也，尊者舍梨子！謂有比丘知不善，知不善根。云何知不善？謂身惡行不善，口、意惡行不善，是謂知不善。云何知不善根？謂貪不善根，恚、癡不善根，是謂知不善根。尊者舍梨子！若有比丘如是知不善及不善根者，是謂比丘成就見，得正見，於法得不壞淨，入正法中。」

尊者舍梨子聞已，歎曰：「善哉！善哉！賢者大拘絺羅！」

尊者舍梨子歎已，歡喜奉行。

尊者舍梨子復問曰：「賢者大拘絺羅！頗更有事，因此事比丘成就見，得正見，於法得不壞淨，入正法耶？」

答曰：「有也，尊者舍梨子！謂有比丘知善、知善根。云何知善？謂身妙行善，口、意妙行善，是謂知善。云何知善根？謂無貪善根，無恚、無癡善根，是謂知善根。尊者舍梨子！若有比丘如是知善、知善根者，是謂比丘成就見，得正見，於法得不壞淨，入正法中。」

尊者舍梨子聞已，歎曰：「善哉！善哉！賢者大拘絺羅！」

尊者舍梨子歎已，歡喜奉行。

尊者舍梨子復問曰：「賢者大拘絺羅！頗更有事，因此事比丘成就見，得正見，於法得不壞淨，入正法耶？」

答曰：「有也，尊者舍梨子！謂有比丘知食如真，知食習、知食滅、知食滅道如真。云何知食如真？謂有四食，一者、摶食麤細，二者、更樂食，三者、意思食，四者、識食，是謂知食如真。云何知食習如真？謂因愛便有食，是謂知食習如真。云何知食滅如真？謂愛滅食便滅，是謂知食滅如真。云何知食滅道如真？謂八支聖道，正見乃至正定為八，是謂知食滅道如真。尊者舍梨子！若有比丘如是知食如真，知食習、知食滅、知食滅道如真者，是謂比丘成就見，得正見，於法得不壞淨，入正法中。」

尊者舍梨子聞已，歎曰：「善哉！善哉！賢者大拘絺羅！」

尊者舍梨子歎已，歡喜奉行。

尊者舍梨子復問曰：「賢者大拘絺羅！頗更有事，因此事比丘成就見，得正見，於法得不壞淨，入正法耶？」

答曰：「有也，尊者舍梨子！謂有比丘知漏如真，知漏習、知漏滅、知漏滅道如真。云何知漏如真？謂有三漏，欲漏、有漏、無明漏，是謂知漏如真。云何知漏習如真？謂因無明便有漏，是謂知漏習如真。云何知漏滅如真？謂無明滅漏便滅，是謂知漏滅如真。云何知漏滅道如真？謂八支聖道，正見乃至正定為八，是謂知漏滅道如真。尊者舍梨子！若有比丘如是知漏如真，知漏習、知漏滅、知漏滅道如真者，是謂比丘成就見，得正見，於法得不壞淨，入正法中。」

尊者舍梨子聞已，歎曰：「善哉！善哉！賢者大拘絺羅！」

尊者舍梨子歎已，歡喜奉行。

尊者舍梨子復問曰：「賢者大拘絺羅！頗更有事，因此事比丘成就見，得正見，於法得不壞淨，入正法耶？」

答曰：「有也，尊者舍梨子！謂有比丘知苦如真，知苦習、知苦滅、知苦滅道真。云何知苦如真？謂生苦、老苦、病苦、死苦、怨憎會苦、愛別離苦、所求不得苦、略五盛陰苦，是謂知苦如真。云何知苦習如真？謂因老死便有苦，是謂知苦習如真。云何知苦滅如真？謂老死滅苦便滅，是謂知苦滅如真。云何知苦滅道如真？謂八支聖道，正見乃至正定為八，是謂知苦滅道如真。尊者舍梨子！若有比丘如是知苦如真，知苦習、知苦滅、知苦滅道如真者，是謂比丘成就見，得正見，於法得不壞淨，入正法中。」

尊者舍梨子聞已，歎曰：「善哉！善哉！賢者大拘絺羅！」

尊者舍梨子歎已，歡喜奉行。

尊者舍梨子復問曰：「賢者大拘絺羅！頗更有事，因此事比丘成就見，得正見，於法得不壞淨，入正法耶？」

答曰：「有也，尊者舍梨子！謂有比丘①知老死如真，知老死習、知老死滅、知老死滅道如真。云何知老？謂彼老耄頭白齒落，盛壯日衰身曲脚戾，體重氣上柱杖而行，肌縮皮緩皺如麻子，諸根毀熟顏色醜惡，是名老也。云何知死？謂彼衆生，彼彼衆生種類，命終無常死喪散滅，壽盡破壞命根閉塞，是名死也。此說死，前說老，是名老死，是謂知老死如真。云何知老死習如真？謂因生便有老死，是謂知老死習如真。云何知老死滅如真？謂生滅老死便滅，是謂知老死滅如真。云何知老死滅道如真？謂八支聖道，正見乃至正定為八，是謂知老死滅道如真。尊者舍梨子！若有比丘如是知老死如真，知老死習、知老死滅、知老死滅道如真者，是謂比丘成就見，得正見，於法得不壞淨，入正法中。」

尊者舍梨子聞已，歎曰：「善哉！善哉！賢者大拘絺羅！」

尊者舍梨子歎已，歡喜奉行。

尊者舍梨子復問曰：「賢者大拘絺羅！頗更有事，因此事比丘成就見，得正見，於法得不壞淨，入正法耶？」

答曰：「有也，尊者舍梨子！謂有比丘知生如真，知生習、知生滅、知生滅道如真。云何知生如真？謂彼衆生，彼彼衆生種類，生則生，出則出，成則成，興起五陰已得命根，是謂知生如真。云何知生習如真？謂因有便有生，是謂知生習如真。云何知生滅如真？謂有滅生便滅，是謂知生滅如真。云何知生滅道如真？謂八支聖道，正見乃至正定為八，是謂知生滅道如真。尊者舍梨子！若有比丘如是知生如真，知生習、知生滅、知生滅道如真者，是謂比丘成就見，得正見，於法得不壞淨，入正法中。」

尊者舍梨子聞已，歎曰：「善哉！善哉！賢者大拘絺羅！」

尊者舍梨子歎已，歡喜奉行。

尊者舍梨子復問曰：「賢者大拘絺羅！頗更有事，因此事比丘成就見，得正見，於法得不壞淨，入正法耶？」

答曰：「有也，尊者舍梨子！謂有比丘知有如真，知有習、知有滅、知有滅道如真。云何知有如真？謂有三有，欲有、色有、無色有，是謂知有如真。云何知有習如真？謂因受便有有，是謂知有習如真。云何知有滅如真？謂受滅有便滅，是謂知有滅如真。云何知有滅道如真？謂八支聖道，正見乃至正定為八，是謂知有滅道如真。尊者舍梨子！若有比丘如是知有如真，知有習、知有滅、知有滅道如真者，是謂比丘成就見，得正見，於法得不壞淨，入正法中。」

尊者舍梨子聞已歎曰：「善哉！善哉！賢者大拘絺羅！」

尊者舍梨子歎已，歡喜奉行。

尊者舍梨子復問曰：「賢者大拘絺羅！頗更有事，因此事比丘成就見，得正見，於法得不壞淨，入正法耶？」

答曰：「有也，尊者舍梨子！謂有比丘知受如真，知受習、知受滅、知受滅道如真。云何知受如真？謂有四受，欲受、戒受、見受、我受，是謂知受如真。云何知受習如真？謂因愛便有受，是謂知受習如真。云何知受滅如真？謂愛滅受便滅，是謂知受滅如真。云何知受滅道如真？謂八支聖道，正見乃至正定為八，是謂知受滅道如真。尊者舍梨子！若有比丘如是知受如真，知受習、知受滅、知受滅道如真者，是謂比丘成就見，得正見，於法得不壞淨，入正法中。」

尊者舍梨子聞已歎曰：「善哉！善哉！賢者大拘絺羅！」

尊者舍梨子歎已，歡喜奉行。

尊者舍梨子復問曰：「賢者大拘絺羅！頗更有事，因此事比丘成就見，得正見，於法得不壞淨，入正法耶？」

答曰：「有也，尊者舍梨子！謂有比丘知愛如真，知愛習、知愛滅、知愛滅道如真。云何知愛如真？謂有三愛，欲愛、色愛、無色愛，是謂知愛如真。云何知愛習如真？謂因覺便有愛，是謂知愛習如真。云何知愛滅如真？謂覺滅愛便滅，是謂知愛滅如真。云何知愛滅道如真？謂八支聖道，正見乃至正定為八，是謂知愛滅道如真。尊者舍梨子！若有比丘如是知愛如真，知愛習、知愛滅、知愛滅道如真者，是謂比丘成就見，得正見，於法得不壞淨，入正法中。」

尊者舍梨子聞已，歎曰：「善哉！善哉！賢者大拘絺羅！」

尊者舍梨子歎已，歡喜奉行。

尊者舍梨子復問曰：「賢者大拘絺羅！頗更有事，因此事比丘成就見，得正見，於法得不壞淨，入正法耶？」

答曰：「有也，尊者舍梨子！謂有比丘知覺如真，知覺習、知覺滅、知覺滅道如真。云何知覺如真？謂有三覺，樂覺、苦覺、不苦不樂覺，是謂知覺如真。云何知覺習如真？謂因更樂便有覺，是謂知覺習如真。云何知覺滅如真？謂更樂滅覺便滅，是謂知覺滅如真。云何知覺滅道如真？謂八支聖道，正見乃至正定為八，是謂知覺滅道如真。尊者舍梨子！若有比丘如是知覺如真，知覺習、知覺滅、知覺滅道如真者，是謂比丘成就見，得正見，於法得不壞淨，入正法中。」

尊者舍梨子聞已，歎曰：「善哉！善哉！賢者大拘絺羅！」

尊者舍梨子歎已，歡喜奉行。

尊者舍梨子復問曰：「賢者大拘絺羅！頗更有事，因此事比丘成就見，得正見，於法得不壞淨，入正法耶？」

答曰：「有也，尊者舍梨子！謂有比丘知更樂如真，知更樂習、知更樂滅、知更樂滅道如真。云何知更樂如真？謂有三更樂，樂更樂、苦更樂、不苦不樂更樂，是謂知更樂如真。云何知更樂習如真？謂因六處便有更樂，是謂知更樂習如真。云何知更樂滅如真？謂六處滅更樂便滅，是謂知更樂滅如真。云何知更樂滅道如真？謂八支聖道，正見乃至正定為八，是謂知更樂滅道如真。尊者舍梨子！若有比丘如是知更樂如真，知更樂習、知更樂滅、知更樂滅道如真者，是謂比丘成就見，得正見，於法得不壞淨，入正法中。」

尊者舍梨子聞已，歎曰：「善哉！善哉！賢者大拘絺羅！」

尊者舍梨子歎已，歡喜奉行。

尊者舍梨子復問曰：「賢者大拘絺羅！頗更有事，因此事比丘成就見，得正見，於法得不壞淨，入正法耶？」

答曰：「有也，尊者舍梨子！謂有比丘知六處如真，知六處習、知六處滅、知六處滅道如真。云何知六處如真？謂眼處，耳、鼻、舌、身、意處，是謂知六處如真。云何知六處習如真？謂因名色便有六處，是謂知六處習如真。云何知六處滅如真？謂名色滅六處便滅，是謂知六處滅如真。云何知六處滅道如真？謂八支聖道，正見乃至正定為八，是謂知六處滅道如真。尊者舍梨子！若有比丘如是知六處如真，知六處習、知六處滅、知六處滅道如真者，是謂比丘成就見，得正見，於法得不壞淨，入正法中。」

尊者舍梨子聞已，歎曰：「善哉！善哉！賢者大拘絺羅！」

尊者舍梨子歎已，歡喜奉行。

尊者舍梨子復問曰：「賢者大拘絺羅！頗更有事，因此事比丘成就見，得正見，於法得不壞淨，入正法耶？」

答曰：「有也，尊者舍梨子！謂有比丘知名色如真，知名色習、知名色滅、知名色滅道如真。云何知名？謂四非色陰為名。云何知色？謂四大及四大造為色。此說色，前說名，是為名色，是謂知名色如真。云何知名色習如真？謂因識便有名色，是謂知名色習如真。云何知名色滅如真？謂識滅名色便滅，是謂知名色滅如真。云何知名色滅道如真？謂八支聖道，正見乃至正定為八，是謂知名色滅道如真。尊者舍梨子！若有比丘如是知名色如真，知名色習、知名色滅、知名色滅道如真者，是謂比丘成就見，得正見，於法得不壞淨，入正法中。」

尊者舍梨子聞已，歎曰：「善哉！善哉！賢者大拘絺羅！」

尊者舍梨子歎已，歡喜奉行。

尊者舍梨子復問曰：「賢者大拘絺羅！頗更有事，因此事比丘成就見，得正見，於法得不壞淨，入正法耶？」

答曰：「有也，尊者舍梨子！謂有比丘知識如真，知識習、知識滅、知識滅道如真。云何知識如真？謂有六識，眼識、耳、鼻、舌、身、意識，是謂知識如真。云何知識習如真？謂因行便有識，是謂知識習如真。云何知識滅如真？謂行滅識便滅，是謂知識滅如真。云何知識滅道如真？謂八支聖道，正見乃至正定為八，是謂知識滅道如真。尊者舍梨子！若有比丘如是知識如真，知識習、知識滅、知識滅道如真者，是謂比丘成就見，得正見，於法得不壞淨，入正法中。」

尊者舍梨子聞已，歎曰：「善哉！善哉！賢者大拘絺羅！」

尊者舍梨子歎已，歡喜奉行。

尊者舍梨子復問曰：「賢者大拘絺羅！頗更有事，因此事比丘成就見，得正見，於法得不壞淨，入正法耶？」

答曰：「有也，尊者舍梨子！謂有比丘知行如真，知行習、知行滅、知行滅道如真。云何知行如真？謂有三行，身行、口行、意行，是謂知行如真。云何知行習如真？謂因無明便有行，是謂知行習如真。云何知行滅如真？謂無明滅行便滅，是謂知行滅如真。云何知行滅道如真？謂八支聖道，正見乃至正定為八，是謂知行滅道如真。尊者舍梨子！若有比丘如是知行如真，知行習、知行滅、知行滅道如真者，是謂比丘成就見，得正見，於法得不壞淨，入正法中。」

尊者舍梨子聞已，歎曰：「善哉！善哉！賢者大拘絺羅！」

尊者舍梨子歎已，歡喜奉行。

尊者舍梨子復問曰：「賢者大拘絺羅！若有比丘無明已盡，明已生，復作何等？」

尊者大拘絺羅答曰：「尊者舍梨子！若有比丘無明已盡，明已生，無所復作。」

尊者舍梨子聞已，歎曰：「善哉！善哉！賢者大拘絺羅！」

如是彼二尊更互說義，各歡喜奉行，從坐起去。

大拘絺羅經第九竟四千七十七字

(三〇)中阿含舍梨子相應品象跡喻經第十初一日誦

我聞如是：一時，佛遊舍衛國，在勝林給孤獨園。

爾時尊者舍梨子告諸比丘：「諸賢！若有無量善法，彼一切法皆四聖諦所攝，來入四聖諦中，謂四聖諦於一切法最為第一。所以者何？攝受一切衆善法故。諸賢！猶如諸畜之跡，象跡為第一。所以者何？彼象跡者最廣大故。如是，諸賢！無量善法，彼一切法皆四聖諦所攝，來入四聖諦中，謂四聖諦於一切法最為第一。云何為四？謂苦聖諦，苦習、苦滅、苦滅道聖諦。

「諸賢！云何苦聖諦？謂生苦、老苦、病苦、死苦、怨憎會苦、愛別離苦、所求不得苦、略五盛陰苦。

「諸賢！云何五盛陰苦？謂色盛陰，覺、想、行、識盛陰。諸賢！云何色盛陰？謂有色，彼一切四大及四大造。諸賢！云何四大？謂地界、水、火、風界。

「諸賢！云何地界？諸賢！謂地界有二：有內地界，有外地界。諸賢！云何內地界？謂內身中在內所攝堅堅性住內之所受。此為云何？謂髮毛爪齒、麤細皮膚、肌肉筋骨、心腎肝肺、脾腸*胃糞，如是比此身中餘在內所攝堅性住內之所受。諸賢！是謂內地界。諸賢！外地界者，謂大是、淨是、不憎惡是。諸賢！有時水災，是時滅外地界。

「諸賢！此外地界極大，極淨，極不憎惡，是無常法、盡法、衰法、變易之法，況復此身暫住，為愛所受！謂不多聞愚癡凡夫而作此念：是我，是我所，我是彼所。多聞聖弟子不作此念：是我，是我所，我是彼所。

「彼云何作是念？若有他人罵詈捶打、瞋恚責數者，彼作是念：我生此苦從因緣生，非無因緣。云何為緣？緣苦更樂。彼觀此更樂無常，觀覺、想、行、識無常，彼心緣界住，止合一心，定不移動。

「彼於後時，他人來語柔辭軟言者，彼作是念：我生此樂，從因緣生，非無因緣。云何為緣？緣樂更樂。彼觀此更樂無常，觀覺、想、行、識無常，彼心緣界住，止合一心，定不移動。

「彼於後時，若幼少、中年、長老來行不可事，或以拳扠，或以石擲，或刀杖加，彼作是念：我受此身，色法麤質，四大之種，從父母生，飲食長養，常衣被覆，坐臥按摩，澡浴強忍，是破壞法，是滅盡法，離散之法，我因此身致拳扠、石擲及刀杖加。由是之故，彼極精勤而不懈怠，正身正念，不忘不癡，安定一心。彼作是念：我極精勤而不懈怠，正身正念，不忘不癡，安定一心，我受此身，應致拳扠、石擲及刀杖加，但當精勤學世尊法。

「諸賢！世尊亦如是說：『若有賊來，以利刀鋸節節解身。若汝為賊以利刀鋸節節解身時，或心變易，或惡語言者，汝則衰退。汝當作是念：若有賊來，以利刀鋸節節解我身者，因此令我心不變易，不惡語言，當為彼節節解我身者起哀愍心，為彼人故心與慈俱，遍滿一方成就遊。如是二三四方、四維上下，普周一切心與慈俱，無結無怨，無恚無諍，極廣甚大，無量善修，遍滿一切世間成就遊。』

「諸賢！彼比丘若因佛、法、衆，不住善相應捨者，諸賢！彼比丘應慙愧羞厭：我於利無利，於德無德，謂我因佛、法、衆，不住善相應捨。諸賢！猶如初迎新婦，見其姑嫜，若見夫主，則慙愧羞厭。諸賢！當知比丘亦復如是，應慙愧羞厭：我於利無利，於德無德，謂我因佛、法、衆，不住善相應捨。彼因慙愧羞厭故，便住善相應捨，是妙息寂，謂捨一切有，離愛無欲，滅盡無餘。諸賢！是謂比丘一切大學。

「諸賢！云何水界？諸賢！謂水界有二：有內水界，有外水界。

諸賢！云何內水界？謂內身中在內所攝水水性潤內之所受。此為云何？謂腦、腦根、淚汗、涕唾、膿血、肪髓、涎膽、小便，如是比此身中餘在內所攝水水性潤內之所受。諸賢！是謂內水界。諸賢！外水界者，謂大是、淨是、不憎惡是。諸賢！有時火災，是時滅外水界。

「諸賢！此外水界極大，極淨，極不憎惡，是無常法、盡法、衰法、變易之法，況復此身暫住，為愛所受！謂不多聞愚癡凡夫而作此念：是我，是我所，我是彼所。多聞聖弟子不作此念：是我，是我所，我是彼所。

「彼云何作是念？若有他人罵詈捶打、瞋恚責數者，便作是念：我生此苦從因緣生，非無因緣。云何為緣？緣苦更樂。彼觀此更樂無常，觀覺、想、行、識無常，彼心緣界住，止合一心，定不移動。

「彼於後時，他人來語柔辭軟言者，彼作是念：我生此樂從因緣生，非無因緣。云何為緣？緣樂更樂。彼觀此更樂無常，觀覺、想、行、識無常，彼心緣界住，止合一心，定不移動。

「彼於後時，若幼少、中年、長老來行不可事，或以拳扠，或以石擲，或刀杖加。彼作是念：我受此身色法麤質，四大之種從父母生，飲食長養常衣被覆，坐臥按摩澡浴強忍，是破壞法，是滅盡法、離散之法，我因此身致拳扠、石擲及刀杖加。由是之故，彼極精勤而不懈怠，正身正念，不忘不癡，安定一心。彼作是念：我極精勤而不懈怠，正身正念，不忘不癡，安定一心，我受此身應致拳扠、石擲及刀杖加，但當精勤學世尊法。

「諸賢！世尊亦如是說：『若有賊來，以利刀鋸節節解身。若汝為賊以利刀鋸節節解身時，或心變易，或惡語言者，汝則衰退。汝當作是念：若有賊來，以利刀鋸節節解我身者，因此令我心不變易，不惡語言，當為彼節節解我身者起哀愍心，為彼人故心與慈俱，遍滿一方成就遊。如是二三四方、四維上下，普周一切心與慈俱，無結無怨，無恚無諍，極廣甚大，無量善修，遍滿一切世間成就遊。』

「諸賢！彼比丘若因佛、法、衆，不住善相應捨者，諸賢！彼比丘應慙愧羞厭：我於利無利，於德無德，謂我因佛、法、衆，不住善相應捨。諸賢！猶如初迎新婦，見其姑嫜，若見夫主，則慙愧羞厭。

諸賢！當知比丘亦復如是，應慙愧羞厭：我於利無利，於德無德，謂我因佛、法、衆，不住善相應捨。彼因慙愧羞厭故，便住善相應捨，是妙息寂，謂捨一切有，離愛無欲，滅盡無餘。諸賢！是謂比丘一切大學。

「諸賢！云何火界？諸賢！謂火界有二：有內火界，有外火界。諸賢！云何內火界？謂內身中在內所攝火火性熱內之所受。此為云何？謂暖身、熱身、煩悶、溫壯、消化、飲食，如是比此身中餘在內所攝火火性熱內之所受。諸賢！是謂內火界。諸賢！外火界者，謂大是、淨是、不憎惡是。諸賢！有時外火界起，起已燒村邑城郭、山林曠野，燒彼已，或至道、至水，無受而滅。諸賢！外火界滅後，人民求火，或鑽木截竹，或以珠燧。

「諸賢！此外火界，極大，極淨，極不憎惡，是無常法、盡法、衰法、變易之法，況復此身暫住，為愛所受！謂不多聞愚癡凡夫而作此念：是我，是我所，我是彼所。多聞聖弟子不作此念：是我，是我所，我是彼所。

「彼云何作是念？若有他人罵詈捶打、瞋恚責數者，便作是念：我生此苦從因緣生，非無因緣。云何為緣？緣苦更樂。彼觀此更樂無常，觀覺、想、行、識無常，彼心緣界住，止合一心，定不移動。

「彼於後時，他人來語柔辭軟言者，彼作是念：我生此樂從因緣生，非無因緣。云何為緣？緣樂更樂。彼觀此更樂無常，觀覺、想、行、識無常，彼心緣界住，止合一心，定不移動。

「彼於後時，若幼少、中年、長老來行不可事，或以拳扠，或以石擲，或刀杖加。彼作是念：我受此身色法麤質，四大之種從父母生，飲食長養常衣被覆，坐臥按摩澡浴強忍，是破壞法，是滅盡法、離散之法，我因此身致拳扠、石擲及刀杖加。由是之故，彼極精勤而不懈怠，正身正念，不忘不癡，安定一心，彼作是念：我極精勤而不懈怠，正身正念，不忘不癡，安定一心，我受此身應致拳扠、石擲及刀杖加，但當精勤學世尊法。

「諸賢！世尊亦如是說：『若有賊來，以利刀鋸節節解身。若汝為賊以利刀鋸節節解身時，或心變易，或惡語言者，汝則衰退。汝當作是念：若有賊來，以利刀鋸節節解我身者，因此令我心不變易，不惡語言，當為彼節節解我身者起哀愍心，為彼人故心與慈俱，遍滿一方成就遊。如是二三四方、四維上下，普周一切心與慈俱，無結無怨，無恚無諍，極廣甚大，無量善修，遍滿一切世間成就遊。』

「諸賢！彼比丘若因佛、法、眾，不住善相應捨者，諸賢！彼比丘應慚愧羞厭：我於利無利，於德無德，謂我因佛、法、眾，不住善相應捨。諸賢！猶如初迎新婦，見其姑嫜，若見夫主，則慚愧羞厭。諸賢！當知比丘亦復如是，應慚愧羞厭：我於利無利，於德無德，謂我因佛、法、眾，不住善相應捨。彼因慚愧羞厭故，便住善相應捨，是妙息寂，謂捨一切有，離愛無欲，滅盡無餘。諸賢！是謂比丘一切大學。

「諸賢！云何風界？諸賢！謂風界有二：有內風界，有外風界。諸賢！云何內風界？謂內身中在內所攝風風性動內之所受。此為云何？謂上風、下風、腹風、行風、掣縮風、刀風、躋風、非道風、節節行風、息出風、息入風，如是比此身中餘在內所攝風風性動內之所受。諸賢！是謂內風界。諸賢！外風界者，謂大是、淨是、不憎惡是。諸賢！有時外風界起，風界起時，撥屋、拔樹、崩山，山巖撥已便止，纖毫不動。諸賢！外風界止後，人民求風，或以其扇，或以哆邏葉，或以衣求風。

「諸賢！此風界極大，極淨，極不憎惡，是無常法、盡法、衰法、變易之法，況復此身暫住，為愛所受！謂不多聞愚癡凡夫而作此念：是我，是我所，我是彼所。多聞聖弟子不作此念：是我，是我所，我是彼所。

「彼云何作是念？若有他人罵詈捶打、瞋恚責數者，便作是念：我生此苦從因緣生，非無因緣。云何為緣？緣苦更樂。彼觀此更樂無常，觀覺、想、行、識無常，彼心緣界住，止合一心，定不移動。

「彼於後時，他人來語柔辭軟言者，彼作是念：我生此樂從因緣生，非無因緣。云何為緣？緣樂更樂。彼觀此更樂無常，觀覺、想、行、識無常，彼心緣界住，止合一心，定不移動。

「彼於後時，若幼少、中年、長老來行不可事，或以拳扠，或以石擲，或刀杖加。彼作是念：我受此身色法麤質，四大之種從父母生，飲食長養常衣被覆，坐臥按摩澡浴強忍，是破壞法，是滅盡法、離散之法，我因此身致拳扠、石擲及刀杖加。由是之故，彼極精勤而不懈息，正身正念，不忘不癡，安定一心。彼作是念：我極精勤而不懈怠，正身正念，不忘不癡，安定一心，我受此身應致拳扠、石擲及刀杖加，但當精勤學世尊法。

「諸賢！世尊亦如是說：『若有賊來，以利刀鋸節節解身。若汝為賊以利刀鋸節節解身時，或心變易，或惡語言者，汝則衰退。汝當作是念：若有賊來，以利刀鋸節節解我身者，因此令我心不變易，不惡語言，當為彼節節解我身者起哀愍心，為彼人故心與慈俱，遍滿一方成就遊。如是二三四方、四維上下，普周一切心與慈俱，無結無怨，無恚無諍，極廣甚大，無量善修，遍滿一切世間成就遊。』

「諸賢！彼比丘若因佛、法、眾，不住善相應捨者，諸賢！彼比丘應慙愧羞厭：我於利無利，於德無德，謂我因佛、法、眾，不住善相應捨。諸賢！猶如初迎新婦，見其姑嫜，若見夫主，則慙愧羞厭。諸賢！當知比丘亦復如是，應慙愧羞厭：我於利無利，於德無德，謂我因佛、法、眾，不住善相應捨。彼因慙愧羞厭故，便住善相應捨，是妙息寂，謂捨一切有，離愛無欲，滅盡無餘。諸賢！是謂比丘一切大學。

「諸賢！猶如因材木，因泥土、因水草覆裹於空，便生屋名。諸賢！當知此身亦復如是，因筋骨、因皮膚、因肉血纏裹於空，便生身名。諸賢！若內眼處壞者，外色便不為光明所照，則無有念，眼識不得生。諸賢！若內眼處不壞者，外色便為光明所照，而便有念，眼識得生。諸賢！內眼處及色、眼識知外色，是屬色陰，若有覺是覺陰，若有想是想陰，若有思是思陰，若有識是識陰，如是觀陰合會。諸賢！世尊亦如是說：『若見緣起便見法，若見法便見緣起。』所以者何？諸賢！世尊說五盛陰從因緣生，色盛陰，覺、想、行、識盛陰。

「諸賢！若內耳、鼻、舌、身、意處壞者，外法便不為光明所照，則無有念，意識不得生。諸賢！若內意處不壞者，外法便為光明所照而便有念，意識得生。諸賢！內意處及法、意識知外色法，是屬色陰，若有覺是覺陰，若有想是想陰，若有思是思陰，若有識是識陰，如是觀陰合會。諸賢！世尊亦如是說：『若見緣起便見法，若見法便見緣起。』所以者何？諸賢！世尊說五盛陰從因緣生，色盛陰，覺、想、行、識盛陰。彼厭此過去、未來、現在五盛陰，厭已便無欲，無欲已便解脫，解脫已便知解脫：生已盡，梵行已立，所作已辦，不更受有，知如真。諸賢！是謂比丘一切大學。」

尊者舍梨子所說如是，彼諸比丘聞尊者舍梨子所說，歡喜奉行。

象跡喻經第十竟三千八百六十七字

(三一)中阿含舍梨子相應品分別聖諦經第十一初一日誦

我聞如是：一時，佛遊舍衛國，在勝林給孤獨園。

爾時世尊告諸比丘：「此是正行說法，謂四聖諦，廣攝、廣觀、分別、發露、開仰、施設、顯示、趣向。過去諸如來、無所著、等正覺，彼亦有此正行說法，謂四聖諦，廣攝、廣觀、分別、發露、開仰、施設、顯示、趣向。未來諸如來、無所著、等正覺，彼亦有此正行說法，謂四聖諦，廣攝、廣觀、分別、發露、開仰、施設、顯示、趣向。我今現如來、無所著、等正覺，亦有此正行說法，謂四聖諦，廣攝、廣觀、分別、發露、開仰、施設、顯示、趣向。

「舍梨子比丘，聰慧、速慧、捷慧、利慧、廣慧、深慧、出要慧、明達慧、辯才慧，舍梨子比丘成就實慧。所以者何？謂我略說此四聖諦，舍梨子比丘則能為他廣教、廣觀、分別、發露、開仰、施設、顯現、趣向。舍梨子比丘廣教、廣示此四聖諦，分別、發露、開仰、施設、顯現、趣向時，令無量人而得於觀。舍梨子比丘，能以正見為導御也。目乾連比丘，能令立於最上真際，謂究竟漏盡。舍梨子比丘生諸梵行，猶如生母；目連比丘長養諸梵行，猶如養母。是以諸梵行者，應奉事供養恭敬禮拜舍梨子、目乾連比丘。所以者何？舍梨子、目乾連比丘，為諸梵行者求義及饒益，求安隱快樂。」

爾時世尊說如是已，即從坐起，入室燕坐。

於是尊者舍梨子告諸比丘：「諸賢！世尊為我等出世，謂為他廣教、廣示此四聖諦，分別、發露、開仰、施設、顯現、趣向。云何為四？謂苦聖諦，苦習、苦滅、苦滅道聖諦。

「諸賢！云何苦聖諦？謂生苦、老苦、病苦、死苦、怨憎會苦、愛別離苦、所求不得苦，略五盛陰苦。

「諸賢！說生苦者，此說何因？諸賢！生者，謂彼眾生，彼彼眾生種類，生則生，出則出，成則成，興起五陰已得命根，是名為生。諸賢！生苦者，謂眾生生時，身受苦受、遍受、覺、遍覺，心受苦受、遍受、覺、遍覺，身心受苦受、遍受、覺、遍覺，身熱受、遍受、覺、遍覺，心熱受、遍受、覺、遍覺，身心熱受、遍受、覺、遍覺；身壯熱煩惱憂慼受、遍受、覺、遍覺，心壯熱煩惱憂慼受、遍受、覺、遍覺，身心壯熱煩惱憂慼受、遍受、覺、遍覺。諸賢！說生苦者，因此故說。

「諸賢！說老苦者，此說何因？諸賢！老者，謂彼衆生，彼彼衆生種類，彼為老耄頭白齒落，盛壯日衰身曲脚戾，體重氣上拄杖而行，肌縮皮緩皺如麻子，諸根毀熟顏色醜惡，是名為老。諸賢！老苦者，謂衆生老時，身受苦受、遍受、覺、遍覺，心受苦受、遍受、覺、遍覺，身心受苦受、遍受、覺、遍覺，身熱受、遍受、覺、遍覺，心熱受、遍受、覺、遍覺，身心熱受、遍受、覺、遍覺；身壯熱煩惱憂慼受、遍受、覺、遍覺，心壯熱煩惱憂慼受、遍受、覺、遍覺，身心壯熱煩惱憂慼受、遍受、覺、遍覺。諸賢！說老苦者，因此故說。

「諸賢！說病苦者，此說何因？諸賢！病者，謂頭痛、眼痛、耳痛、鼻痛、面痛、唇痛、齒痛、舌痛、齷痛、咽痛、風喘、咳嗽、喝吐、喉啤、癲癇、癰瘻、經溢、赤膽、壯熱、枯槁、痔瘻、下*痢，若有如是比餘種種病，從更樂觸生，不離心，立在身中，是名為病。諸賢！病苦者，謂衆生病時，身受苦受、遍受、覺、遍覺，心受苦受、遍受、覺、遍覺，身心受苦受、遍受、覺、遍覺，身熱受、遍受、覺、遍覺，心熱受、遍受、覺、遍覺，身心熱受、遍受、覺、遍覺；身壯熱煩惱憂慼受、遍受、覺、遍覺，心壯熱煩惱憂慼受、遍受、覺、遍覺，身心壯熱煩惱憂慼受、遍受、覺、遍覺。諸賢！說病苦者，因此故說。

「諸賢！說死苦者，此說何因？諸賢！死者，謂彼衆生，彼彼衆生種類，命終無常死喪散滅，壽盡破壞命根閉塞，是名為死。諸賢！死苦者，謂眾生死時，身受苦受、遍受、覺、遍覺，心受苦受、遍受、覺、遍覺，身心受苦受、遍受、覺、遍覺，身熱受、遍受、覺、遍覺，心熱受、遍受、覺、遍覺，身心熱受、遍受、覺、遍覺；身壯熱煩惱憂慼受、遍受、覺、遍覺，心壯熱煩惱憂慼受、遍受、覺、遍覺，身心壯熱煩惱憂慼受、遍受、覺、遍覺。諸賢！說死苦者，因此故說。

「諸賢！說怨憎會苦者，此說何因？諸賢！怨憎會者，謂眾生實有內六處，不愛眼處，耳、鼻、舌、身、意處，彼同會一，有攝和習，共合為苦。如是外處，更樂、覺、想、思、愛，亦復如是。諸賢！

眾生實有六界，不愛地界，水、火、風、空識界，彼同會一，有攝和習，共合為苦，是名怨憎會。諸賢！怨憎會苦者，謂眾生怨憎會時，身受苦受、遍受、覺、遍覺，心受苦受、遍受、覺、遍覺，身心受苦受、遍受、覺、遍覺。諸賢！說怨憎會苦者，因此故說。

「諸賢！說愛別離苦者，此說何因？諸賢！愛別離苦者，謂眾生實有內六處，愛眼處，耳、鼻、舌、身、意處，彼異分散，不得相應，別離不會，不攝、不習、不和合為苦。如是外處，更樂、覺、想、思、愛，亦復如是。諸賢！眾生實有六界，愛地界，水、火、風、空識界，彼異分散，不得相應，別離不會，不攝、不習、不和合為苦，是名愛別離。諸賢！愛別離苦者，謂眾生別離時，身受苦受、遍受、覺、遍覺，心受苦受、遍受、覺、遍覺，身心受苦受、遍受、覺、遍覺。諸賢！說愛別離苦者，因此故說。

「諸賢！說所求不得苦者，此說何因？諸賢！謂衆生生法，不離生法，欲得令我而不生者，此實不可以欲而得；老法、死法、愁憂慼法，不離憂慼法，欲得令我不憂慼者，此亦不可以欲而得。諸賢！衆生實生苦而不可樂、不可愛念，彼作是念：若我生苦而不可樂、不可愛念者，欲得轉是令可愛念，此亦不可以欲而得。諸賢！衆生實生樂而可愛念，彼作是念：若我生樂可愛念者，欲得令是常恒久住不變易法，此亦不可以欲而得。諸賢！衆生實生思想而不可樂、不可愛念，彼作是念：若我生思想而不可樂、不可愛念者，欲得轉是令可愛念，此亦不可以欲而得。諸賢！衆生實生思想而可愛念，彼作是念：若我生思想可愛念者，欲得令是常恒久住不變易法，此亦不可以欲而得。諸賢！說所求不得苦者，因此故說。

「諸賢！說略五盛陰苦者，此說何因？謂色盛陰，覺、想、行、識盛陰。諸賢！說略五盛陰苦者，因此故說。

「諸賢！過去時是苦聖諦，未來、現在時是苦聖諦，真諦不虛，不離於如，亦非顛倒，真諦審實，合如是諦，聖所有，聖所知，聖所見，聖所了，聖所得，聖所等正覺，是故說苦聖諦。

「諸賢！云何愛習苦習聖諦？謂衆生實有愛內六處，眼處、耳、鼻、舌、身、意處，於中若有愛、有膩、有染、有著者，是名為習。

諸賢！多聞聖弟子知我如是知此法，如是見，如是了，如是視，如是覺，是謂愛習苦習聖諦如是知之。云何知耶？若有愛妻子、奴婢、給使、眷屬、田地、屋宅、店肆、出息、財物，為所作業有愛、有膩、有染、有著者，是名為習，彼知此愛習苦習聖諦。如是外處，更樂、覺、想、思、愛，亦復如是。

「諸賢！眾生實有愛六界，地界、水、火、風、空、識界，於中若有愛、有膩、有染、有著者，是名為習。諸賢！多聞聖弟子知我如是知此法，如是見，如是了，如是視，如是覺，是謂愛習苦習聖諦如是知之。云何知耶？若有愛妻子、奴婢、給使、眷屬、田地、屋宅、店肆、出息、財物，為所作業有愛、有膩、有染、有著者，是名為習，彼知是愛習苦習聖諦。

「諸賢！過去時是愛習苦習聖諦，未來、現在時是愛習苦習聖諦，真諦不虛，不離於如，亦非顛倒，真諦審實，合如是諦，聖所有，聖所知，聖所見，聖所了，聖所得，聖所等正覺，是故說愛習苦習聖諦。

「諸賢！云何愛滅苦滅聖諦？謂眾生實有愛內六處，眼處、耳、鼻、舌、身、意處，彼若解脫，不染不著，斷捨吐盡，無欲、滅、止沒者，是名苦滅。諸賢！多聞聖弟子知我如是知此法，如是見，如是了，如是視，如是覺，是謂愛滅苦滅聖諦如是知之。云何知耶？若有不愛妻子、奴婢、給使、眷屬、田地、屋宅、店肆、出息、財物，不為所作業，彼若解脫，不染不著，斷捨吐盡，無欲、滅、止沒者，是名苦滅，彼知是愛滅苦滅聖諦。如是外處，更樂、覺、想、思、愛，亦復如是。

「諸賢！眾生實有愛六界，地界、水、火、風、空、識界，彼若解脫，不染不著，斷捨吐盡，無欲、滅、止沒者，是名苦滅。諸賢！多聞聖弟子知我如是知此法，如是見，如是了，如是視，如是覺，是謂愛滅苦滅聖諦如是知之。云何知耶？若有不愛妻子、奴婢、給使、眷屬、田地、屋宅、店肆、出息、財物，不為所作業，彼若解脫，不染不著，斷捨吐盡，無欲、滅、止沒者，是名苦滅，彼知是愛滅苦滅聖諦。

「諸賢！過去時是愛滅苦滅聖諦，未來、現在時是愛滅苦滅聖諦，真諦不虛，不離於如，亦非顛倒，真諦審實，合如是諦，聖所有，聖所知，聖所見，聖所了，聖所得，聖所等正覺，是故說愛滅苦滅聖諦。

「諸賢！云何苦滅道聖諦？謂正見、正志、正語、正業、正命、正方便、正念、正定。

「諸賢！云何正見？謂聖弟子念苦是苦時，習是習、滅是滅，念道是道時，或觀本所作，或學念諸行，或見諸行災患，或見涅槃止息，或無著念觀善心解脫時，於中擇、遍擇，*決擇、擇法，視、遍視，觀察明達，是名正見。

「諸賢！云何正志？謂聖弟子念苦是苦時，習是習、滅是滅，念道是道時，或觀本所作，或學念諸行，或見諸行災患，或見涅槃止息，或無著念觀善心解脫時，於中心伺、遍伺、隨順伺，可念則念，可望則望，是名正志。

「諸賢！云何正語？謂聖弟子念苦是苦時，習是習、滅是滅，念道是道時，或觀本所作，或學念諸行，或見諸行災患，或見涅槃止息，或無著念觀善心解脫時，於中除口四妙行，諸餘口惡行遠離除斷，不行不作，不合不會，是名正語。

「諸賢！云何正業？謂聖弟子念苦是苦時，習是習、滅是滅，念道是道時，或觀本所作，或學念諸行，或見諸行災患，或見涅槃止息，或無著念觀善心解脫時，於中除身三妙行，諸餘身惡行遠離除斷，不行不作，不合不會，是名正業。

「諸賢！云何正命？謂聖弟子念苦是苦時，習是習、滅是滅，念道是道時，或觀本所作，或學念諸行，或見諸行災患，或見涅槃止息，或無著念觀善心解脫時，於中非無理求，不以多欲無厭足，不為種種伎術呪說邪命活，但以法求衣，不以非法，亦以法求食、床座，不以非法，是名正命。

「諸賢！云何正方便？謂聖弟子念苦是苦時，習是習、滅是滅，念道是道時，或觀本所作，或學念諸行，或見諸行災患，或見涅槃止息，或無著念觀善心解脫時，於中若有精進方便，一向精勤求，有力趣向，專著不捨，亦不衰退，正伏其心，是名正方便。

「諸賢！云何正念？謂聖弟子念苦是苦時，習是習、滅是滅，念道是道時，或觀本所作，或學念諸行，或見諸行災患，或見涅槃止息，或無著念觀善心解脫時，於中若*念順念、背不向念，念、遍念、憶、復憶，心*正不忘心之所應，是名正念。

「諸賢！云何正定？謂聖弟子念苦是苦時，習是習、滅是滅，念道是道時，或觀本所作，或學念諸行，或見諸行災患，或見涅槃止息，或無著念觀善心解脫時，於中若心住、禪住、順住，不亂不散，攝止正定，是名正定。

「諸賢！過去時是苦滅道聖諦，未來、現在時是苦滅道聖諦，真諦不虛，不離於如，亦非顛倒，真諦審實，合如是諦，聖所有，聖所知，聖所見，聖所了，聖所得，聖所等正覺，是故說苦滅道聖諦。」

於是頌曰：

佛明達諸法，見無量善德，苦習滅道諦，善顯現分別。

尊者舍梨子所說如是，彼諸比丘聞尊者舍梨子所說，歡喜奉行。

分別聖諦經第十一竟（三千四百二十五字）

中阿含經卷第七（一萬一千三百六十九字）

中阿含舍梨子相應品第三竟（二萬七千五百一十二字）　初一日誦

中阿含經卷第八

東晉罽賓三藏瞿曇僧伽婆提譯

未曾有法品第四有十經 初一日誦

未曾有、侍者，薄拘、阿修羅，
地動及瞻波，郁伽、手各二。

(三二)中阿含未曾有法品未曾有法經第一

我聞如是：一時，佛遊舍衞國，在勝林給孤獨園。

爾時尊者阿難則於晡時從燕坐起，往詣佛所，稽首禮足却住一面，白曰：「世尊！我聞世尊迦葉佛時，始願佛道，行梵行。若世尊迦葉佛時始願佛道，行梵行者，我受持是世尊未曾有法。

「我聞世尊迦葉佛時始願佛道，行梵行，生兜瑟哆天。若世尊迦葉佛時始願佛道，行梵行，生兜瑟哆天者，我受持是世尊未曾有法。

「我聞世尊迦葉佛時始願佛道，行梵行，生兜瑟哆天；世尊後生，以三事勝於前生兜瑟多天者：天壽、天色、天譽。以此故，諸兜瑟哆天歡喜踊躍，歎此天子甚奇甚特！有大如意足，有大威德，有大福祐，有大威神。所以者何？彼後來生，以三事勝於前生兜瑟哆天者：

天壽、天色、天譽。若世尊迦葉佛時始願佛道，行梵行，生兜瑟哆天；世尊後生，以三事勝於前生兜瑟哆天者：天壽、天色、天譽。以此故，諸兜瑟哆天歡喜踊躍，歎此天子甚奇甚特！有大如意足，有大威德，有大福祐，有大威神。所以者何？彼後來生，以三事勝於前生兜瑟哆天者：天壽、天色、天譽者，我受持是世尊未曾有法。

「我聞世尊在兜瑟哆天，於彼命終知入母胎，是時震動一切天地，以大妙光普照世間，乃至幽隱諸闇冥處無有障蔽。謂此日月，有大如意足，有大威德，有大福祐，有大威神，光所不照者，彼盡蒙耀。彼眾生者，因此妙光各各生知：有奇特眾生生！有奇特眾生生！若世尊在兜瑟哆天，於彼命終知入母胎，是時震動一切天地，以大妙光普照世間，乃至幽隱諸闇冥處無有障蔽。謂此日月，有大如意足，有大威德，有大福祐，有大威神，光所不照者，彼盡蒙耀。彼眾生者，因此妙光各各生知：有奇特眾生生，有奇特眾生生者，我受持是世尊未曾有法。

「我聞世尊知住母胎，依倚右脇。若世尊知住母胎，依倚右脇者，我受持是世尊未曾有法。

「我聞世尊舒體住母胎，若世尊舒體住母胎者，我受持是世尊未曾有法。

「我聞世尊覆藏住母胎，不為血所污，亦不為精及諸不淨所污。若世尊覆藏出母胎，不為血所污，亦不為精及諸不淨所污者，我受持是世尊未曾有法。

「我聞世尊知出母胎，是時震動一切天地，以大妙光普照世間，乃至幽隱諸闇冥處無有障蔽。謂此日月，有大如意足，有大威德，有大福祐，有大威神，光所不照者，彼盡蒙耀。彼眾生者，因此妙光各各生知：有奇特眾生生！有奇特眾生生！若世尊知出母胎，是時震動一切天地，以大妙光普照世間，乃至幽隱諸闇冥處無有障蔽。謂此日月，有大如意足，有大威德，有大福祐，有大威神，光所不照者，彼盡蒙耀。彼眾生者，因此妙光各各生知：有奇特眾生生，有奇特眾生生者，我受持是世尊未曾有法。

「我聞世尊舒體出母胎，若世尊舒體出母胎者，我受持是世尊未曾有法。

「我聞世尊覆藏出母胎，不為血所汚，亦不為精及諸不淨所汚。若世尊覆藏出母胎，不為血所汚，亦不為精及諸不淨所汚者，我受持是世尊未曾有法。

「我聞世尊初生之時，有四天子手執極細衣，住於母前令母歡喜，歎此童子甚奇甚特！有大如意足，有大威德，有大福祐，有大威神。若世尊初生之時，有四天子手執細衣，住於母前，令母歡喜，歎此童子甚奇甚特！有大如意足，有大威德，有大福祐，有大威神者，我受持是世尊未曾有法。

「我聞世尊初生之時，即行七步，不恐不怖，亦不畏懼，觀察諸方。若世尊初生之時，即行七步，不恐不怖，亦不畏懼，觀察諸方者，我受持是世尊未曾有法。

「我聞世尊初生之時，則於母前而生大池，其水滿岸，令母於此得用清淨。若世尊初生之時，則於母前而生大池，其水滿岸，令母於此得用清淨者，我受持是世尊未曾有法。

「我聞世尊初生之時，上虛空中雨水注下，一冷一暖灌世尊身。若世尊初生之時，上虛空中雨水注下，一冷一暖灌世尊身者，我受持是世尊未曾有法。

「我聞世尊初生之時，諸天於上鼓天妓樂，天青蓮華、紅蓮華、赤蓮華、白蓮華、天文陀羅花及細末栴檀香散世尊上。若世尊初生之時，諸天於上鼓天妓樂，天青蓮華、紅蓮華、赤蓮華、白蓮華、天文陀羅華及細末栴檀香散世尊上者，我受持是世尊未曾有法。

「我聞世尊一時在父白淨王家，晝監田作，坐閻浮樹下，離欲、離惡不善之法，有覺有觀，離生喜樂，得初禪成就遊。爾時中後，一切餘樹影皆轉移，唯閻浮樹其影不移，蔭世尊身，於是釋白淨往觀田作，至作人所，問曰：『作人！童子何處？』作人答曰：『天童子今在閻浮樹下。』於是釋白淨往詣閻浮樹，時釋白淨日中後，見一切餘樹影皆轉移，唯閻浮樹其影不移，蔭世尊身，便作是念：『今此童子甚奇甚特！有大如意足，有大威德，有大福祐，有大威神。所以者何？日中之後，一切餘樹影皆轉移，唯閻浮樹其影不移，蔭童子身。』

若世尊日中之後，一切餘樹影皆轉移，唯閻浮樹其影不移，蔭世尊身者，我受持是世尊未曾有法。

「我聞世尊一時遊鞞舍離大林之中，於是世尊過夜平旦，著衣持鉢，入鞞舍離城而行乞食。乞食已竟，收舉衣鉢，澡洗手足，以尼師檀著於肩上，往入林中，至一哆羅樹下，敷尼師檀結*跏趺坐。是時中後，一切餘樹影皆轉移，唯哆羅樹其影不移，蔭世尊身。於是釋摩訶男中後仿佯往至大林，釋摩訶男日中後，見一切餘樹影皆轉移，唯哆羅樹其影不移，蔭世尊身，便作是念：『沙門瞿曇甚奇甚特！有大如意足，有大威德，有大福祐，有大威神。所以者何？日中之後，一切餘樹影皆轉移，唯哆羅樹其影不移，蔭沙門瞿曇身。』若世尊日中之後，一切餘樹影皆轉移，唯哆羅樹其影不移，蔭世尊身者，我受持是世尊未曾有法。

「我聞世尊一時遊鞞舍離大林之中，爾時諸比丘置鉢露地，時世尊鉢亦在其中。有一獼猴持佛鉢去，諸比丘訶，恐破佛鉢。佛告諸比丘：『止！止！莫訶！不破鉢也。』時彼獼猴持佛鉢去，至一娑羅樹，徐徐上樹，於娑羅樹上取蜜滿鉢，徐徐下樹，還詣佛所，即以蜜鉢奉上世尊，世尊不受。時彼獼猴却在一面，取樠去蟲，既去蟲已，還持上佛，佛復不受。獼猴復却在於一面，取水著蜜中，持還上佛，世尊便受。獼猴見佛取蜜鉢已，歡喜踊躍，却行弄舞迴旋而去。若世尊令彼獼猴見世尊取蜜鉢已，歡喜踊躍，却行弄舞迴旋去者，我受持是世尊未曾有法。

「我聞世尊一時遊鞞舍離獼猴水邊高樓臺觀，爾時世尊曝曬坐具，抖擻拂拭。是時大非時雲來，普覆虛空欲雨而住，須待世尊。世尊曝曬坐具，抖擻拂拭，舉著一處已，攝持掃箒住屋基上，於是大雲已見世尊收舉坐具，便下大雨，於卑高地滂霈平滿。若世尊令彼大雲已見世尊收舉坐具，便下大雨，於卑高地滂霈滿者，我受持是世尊未曾有法。

「我聞世尊一時遊跋耆中，在溫泉林娑羅樹王下坐。爾時中後，一切餘樹影皆轉移，唯娑羅樹王其影不移，蔭世尊身。於是羅摩園主行視園時，日中後，見一切餘樹影皆轉移，唯娑羅樹王其影不移，蔭世尊身，便作是念：『沙門瞿曇甚奇甚特！有大如意足，有大威德，有大福祐，有大威神。所以者何？日中之後，一切餘樹影皆轉移，唯娑羅樹王其影不移，蔭沙門瞿曇身。』若世尊日中之後，一切餘樹影皆轉移，唯娑羅樹王其影不移，蔭世尊身者，我受持是世尊未曾有法。

「我聞世尊一時在阿浮神室中，爾時世尊過夜平旦，著衣持鉢，入阿浮村而行乞食。乞食已竟，收舉衣鉢，澡洗手足，以尼師檀著於肩上，入神室燕坐。爾時天大雷雨雹，殺四牛、耕者二人。彼送葬時，大眾喧鬧，其聲高大，音響震動。於是世尊則於晡時燕坐而起，從神室出露地經行。時彼大眾中有一人，見世尊則於晡時燕坐而起，從神室出露地經行，即往詣佛稽首作禮，隨佛經行。佛見在後，問彼人曰：『以何等故？大衆喧鬧，其聲高大，音響震動耶？』彼人白曰：『世尊！今日天大雷雨雹，殺四牛、耕者二人。彼送葬時，大衆喧鬧，其聲高大，音響震動。世尊！向者不聞聲耶？』世尊答曰：『我不聞聲。』復問：『世尊！向為眠耶？』答曰：『不也。』復問：『世尊！時寤不聞此大聲耶？』答曰：『如是。』爾時，彼人便作是念：『甚奇甚特！極息至寂，如來、無所著、等正覺之所行。所以者何？寤而不聞此大音聲。』若世尊寤而不聞此大音聲者，我受持是世尊未曾有法。

「我聞世尊一時在鬱鞞羅尼連然河邊，阿闍和惒羅尼拘類樹下初得佛道。爾時大雨至于七日，高下悉滿，潢澇橫流，世尊於中露地經行，其處塵起。若世尊潰澇橫流，世尊於中露地經行，其處塵起者，我受持是世尊未曾有法。

「我聞魔王六年*逐佛，求其長短，不能得便，厭已而還。若世尊魔王六年隨逐世尊，求其長短，不能得便，厭已而還者，我受持是世尊未曾有法。

「我聞世尊七年念身，常念不斷。若世尊七年念身，常念不斷者，我受持是世尊未曾有法。」

於是世尊告曰：「阿難！汝從如來更受持此未曾有法。阿難！如來知覺生，知住、知滅，常知，無不知時。阿難！如來知思想生，知住、知滅，常知，無不知時。是故，阿難！汝從如來更受持此未曾有法。」

佛說如是，尊者阿難及諸比丘聞佛所說，歡喜奉行。

未曾有法經第一竟二千九百十七字

（三三）中阿含未曾有法品侍者經第二初一日誦

我聞如是：一時，佛遊王舍城。

爾時多識名德上尊長老比丘、大弟子等，謂尊者拘隣若、尊者阿攝貝、尊者跋提釋迦王、尊者摩訶男拘隸、尊者和破、尊者耶舍、尊者邠耨、尊者維摩羅、尊者伽和波提、尊者須陀耶、尊者舍梨子、尊者阿那律陀、尊者難提、尊者金毘羅、尊者隸婆哆、尊者大目乾連、尊者大迦葉、尊者大拘絺羅、尊者大周那、尊者大迦旃延、尊者邠耨加雋寫長老、尊者耶舍行籌長老，如是比餘多識名德上尊長老比丘、大弟子等，亦遊王舍城，並皆近佛葉屋邊住。

是時世尊告諸比丘：「我今年老，體轉衰弊，壽過垂訖，宜須侍者。汝等見為舉一侍者，令瞻視我，可非不可，受我所說不失其義。」

於是尊者拘隣若即從坐起，偏袒著衣，叉手向佛白曰：「世尊！我願奉侍，可非不可，及受所說不失其義。」

世尊告曰：「拘隣若！汝自年老，體轉衰弊，壽過垂訖，汝亦自應須瞻視者。拘隣若！汝還本坐。」

於是尊者拘隣若即禮佛足，便還復坐。

如是尊者阿攝貝、尊者跋提釋迦王、尊者摩訶男拘隸、尊者惒破、尊者耶舍、尊者邠耨、尊者維摩羅、尊者伽惒波提、尊者須陀耶、尊者舍梨子、尊者阿那律陀、尊者難提、尊者金毘羅、尊者隸婆哆、尊者大目乾連、尊者大迦葉、尊者大拘絺羅、尊者大周那、尊者大迦旃延、尊者邠耨加鯊寫長老，尊者耶舍行籌長老，即從坐起，偏袒著衣，叉手向佛白曰：「世尊！我願奉侍，可非不可，及受所說不失其義。」

世尊告曰：「耶舍！汝自年老，體轉衰弊，壽過垂訖，汝亦自應須瞻視者。耶舍！汝還本坐。」

於是尊者耶舍即禮佛足，便還復坐。

爾時尊者大目乾連，在彼衆中便作是念：「世尊欲求誰為侍者？意在何比丘？欲令瞻視，可非不可，及受所說不失其義？我寧可入如其像定，觀衆比丘心。」

於是尊者大目乾連即入如其像定，觀衆比丘心。尊者大目乾連即知，世尊欲得賢者阿難以為侍者，意在阿難，欲令瞻視，可非不可及受所說，不失其義。

於是尊者大目乾連即從定起，白衆比丘曰：「諸賢知不？世尊欲得賢者阿難以為侍者，意在阿難，欲令瞻視，可非不可，及受所說不失其義。諸賢！我等今應共至賢者阿難所，勸喻令為世尊侍者。」

於是尊者大目乾連及諸比丘，共至尊者阿難所，共相問訊，却坐一面。是時尊者大目乾連坐已，語曰：「賢者阿難！汝今知不？佛欲得汝以為侍者，意在阿難，令瞻視我，可非不可，受我所說不失其義。阿難！猶村外不遠有樓閣臺觀，向東開窗，日出光照在於西壁。賢者阿難！世尊亦然，欲得賢者阿難以為侍者，意在阿難，令瞻視我，可非不可，受我所說不失其義。賢者阿難！汝今可為世尊侍者？」

尊者阿難白曰：「尊者大目乾連！我不堪任奉侍世尊。所以者何？諸佛世尊難可難侍，謂為侍者。尊者大目乾連！猶如王大雄象，年滿六十，憍發力盛，牙足體具，難可難近，謂為看視也。尊者大目乾連！如來、無所著、等正覺亦復如是，難可難近，謂為侍者。尊者大目乾連！我以是故不任侍者。」

尊者大目乾連復語曰：「賢者阿難！聽我說喻，智者聞喻即解其義。賢者阿難！猶如優曇鉢華，時時生於世。賢者阿難！如來、無所著、等正覺亦復如是，時時出世。賢者阿難！汝可速為世尊侍者，瞿曇當得大果。」

尊者阿難復白曰：「尊者大目乾連！若世尊與我三願者，我便然可為佛侍者。云何為三？我願不著佛新故衣，願不食別請佛食，願不非時見佛。尊者大目乾連！若世尊與我此三願者，如是我便為佛侍者。」

於是尊者大目乾連勸尊者阿難為侍者已，即從坐起，繞尊者阿難而便還去，往詣佛所，稽首禮足，却坐一面，白曰：「世尊！我已勸喻賢者阿難為佛侍者。世尊！賢者阿難從佛求三願：『云何為三？願不著佛新故衣，願不食別請佛食，願不非時見佛。尊者大目乾連！若世尊與我此三願者，如是我便為佛侍者。』」

世尊*告曰：「大目乾連！阿難比丘聰明智慧，豫知當有譏論，或諸梵行作如是語：『阿難比丘為衣故奉侍世尊。』大目乾連！若阿難比丘聰明智慧，豫知當有譏論，或諸梵行作如是語：阿難比丘為衣故奉侍世尊者，是謂阿難比丘未曾有法。大目乾連！阿難比丘聰明智慧，豫知當有譏論，或諸梵行作如是語：『阿難比丘為食故奉侍世尊。』大目乾連！若阿難比丘聰明智慧，豫知當有譏論，或諸梵行作如是語：阿難比丘為食故奉侍世尊者，是謂阿難比丘未曾有法。

「大目乾連！阿難比丘善知時，善別時。知我是往見如來時，知我非往見如來時。知比丘衆、比丘尼衆是往見如來時，知比丘衆、比丘尼衆非往見如來時。知優婆塞⊙衆、優婆私衆是往見如來時，知優婆塞衆、優婆私衆非往見如來時。知衆多異學沙門、梵志是往見如來時，知衆多異學沙門、梵志非往見如來時。知此衆多異學沙門、梵志能與如來共論，知此衆多異學沙門、梵志不能與如來共論。知此食噉含消，如來食已安隱饒益；知此食噉含消，如來食已不安隱饒益。知此食噉含消，如來食已得辯才說法；知此食噉含消，如來食已不得辯才說法。是謂阿難比丘未曾有法。

「大目乾連！阿難比丘雖無他心智，而善知如來晡時從燕坐起，豫為人說，今日如來行如是，如是現法樂居，審如所說，諦無有異，是謂阿難比丘未曾有法。」

尊者阿難作是說：「諸賢！我奉侍佛來二十五年，若以此心起貢高者，無有是相。」若尊者阿難作此說，是謂尊者阿難未曾有法。

尊者阿難復作是說：「諸賢！我奉侍佛來二十五年，初不非時見佛。」若尊者阿難作此說，是謂尊者阿難未曾有法。

尊者阿難復作是說：「諸賢！我奉侍佛來二十五年，未曾為佛所見訶責，除其一過，此亦為他故。」若尊者阿難作此說，是謂尊者阿難未曾有法。

尊者阿難復作是說：「諸賢！我從如來受八萬法聚，受持不忘，若以此起貢高者，無有此相。」若尊者阿難作此說，是謂尊者阿難未曾有法。

尊者阿難復作是說：「諸賢！我從如來受八萬法聚，初不再問，除其一句，彼亦如是不易。」若尊者阿難作此說，是謂尊者阿難未曾有法。

尊者阿難復作是說：「諸賢！我從如來受持八萬法聚，初不見從他人受法。」若尊者阿難作此說，是謂尊者阿難未曾有法。

尊者阿難復作是說：「諸賢！我從如來受持八萬法聚，初無是心：我受此法，為教語他。諸賢！但欲自御自息，自般涅槃故。」若尊者阿難作此說，是謂尊者阿難未曾有法。

尊者阿難復作是說：「諸賢！此甚奇甚特！謂四部衆來詣我所而

聽法，若我因此起貢高者，都無此相。亦不豫作意：有來問者，我當如是如是答。諸賢！但在坐時，隨其義應。」若尊者阿難作此說，是謂尊者阿難未曾有法。

尊者阿難復作是說：「諸賢！此甚奇甚特！謂衆多異學沙門、梵志來問我事，我若以此有恐怖、有畏懼，身毛竪者，都無此相。亦不豫作意：有來問者，我當如是如是答。諸賢！但在坐時，隨其義應。」若尊者阿難作此說，是謂尊者阿難未曾有法。

復次，一時尊者舍梨子、尊者大目乾連、尊者阿難在舍衛國婆羅邏山中，是時尊者舍梨子問曰：「賢者阿難！汝奉侍佛來二十五年，頗憶有時起欲心耶？」

尊者阿難白曰：「尊者舍梨子！我是學人，而不離欲。」

尊者舍梨子復語曰：「賢者阿難！我不問汝學以無學，我但問汝奉侍佛來二十五年，汝頗憶有起欲心耶？」

尊者舍梨子復再三問曰：「賢者阿難！汝奉侍佛來二十五年，頗憶有時起欲心耶？」

尊者阿難亦至再三白曰：「尊者舍梨子！我是學人，而不離欲。」

尊者舍梨子復語曰：「賢者阿難！我不問汝學以無學，我但問汝奉侍佛來二十五年，汝頗憶有起欲心耶？」

於是尊者大目乾連語曰：「賢者阿難！速答！速答！阿難！汝莫觸嬈上尊長老。」

於是尊者阿難答曰：「尊者舍梨子！我奉侍佛來二十五年，我初不憶曾起欲心。所以者何？我常向佛有慚愧心，及諸智梵行人。」

若尊者阿難作此說，是謂尊者阿難未曾有法。

復次，一時世尊遊王舍城在巖山中，是時世尊告曰：「阿難！汝臥當如師子臥法。」

尊者阿難白曰：「世尊！獸王師子臥法云何？」

世尊答曰：「阿難！獸王師子晝為食行，行已入窟，若欲眠時，足足相累，伸尾在後，右脅而臥。過夜平旦回顧視身，若獸王師子身體不正，見已不喜；若獸王師子其身周正，見已便喜。彼若臥起，從窟而出，出已頻呻，頻呻已自觀身體，自觀身已四顧而望，四顧望已便再三吼，再三吼已便行求食。獸王師子臥法如是。」

尊者阿難白曰：「世尊！獸王師子臥法如是，比丘臥法當復云何？」

世尊答曰：「阿難！若比丘依村邑，過夜平旦，著衣持鉢，入村乞食，善護持身，守攝諸根，立於正念。彼從村邑乞食已竟，收舉衣鉢，澡洗手足，以尼師檀著於肩上，至無事處，或至樹下，或空室中，或經行，或坐禪，淨除心中諸障礙法。晝或經行，或坐禪，淨除心中諸障礙已，復於初夜或經行，或坐禪，淨除心中諸障礙法。於初夜時，或經行，或坐禪，淨除心中諸障礙已，於中夜時，入室欲臥，四疊優哆邏僧敷著床上，襞僧伽梨作枕，右脅而臥，足足相累，意係明相，正念正智，恒念起想。彼後夜時速從臥起，或經行，或坐禪，淨除心中諸障礙法。如是比丘師子臥法。」

尊者阿難白曰：「世尊！如是比丘師子臥法。」

尊者阿難復作是說：「諸賢！世尊教我師子喻臥法，從是已來，初不復以左脅而臥。」

若尊者阿難作此說，是謂尊者阿難未曾有法。

復次，一時世尊遊拘尸那竭，住䓲跋單力士娑羅林中。爾時世尊最後欲取般涅槃時告曰：「阿難！汝往至雙娑羅樹間，可為如來北首敷床，如來中夜當般涅槃。」

尊者阿難受如來教，即詣雙樹，於雙樹間而為如來北首敷床。敷床已訖，還詣佛所，稽首禮足，却住一面，白曰：「世尊！已為如來於雙樹間北首敷床，唯願世尊自當知時！」

於是世尊將尊者阿難至雙樹間，四疊優哆邏僧以敷床上，襞僧伽梨作枕，右脅而臥，足足相累。最後般涅槃時，尊者阿難執拂侍佛，以手抆淚而作是念：「本有諸方比丘衆來，欲見世尊供養禮事，皆得隨時奉見世尊供養禮事；若聞世尊般涅槃已，便不復來奉見世尊供養禮事，我亦不得隨時見佛供養禮事。」

於是世尊問諸比丘：「阿難比丘今在何處？」

時諸比丘白曰：「世尊！尊者阿難執拂侍佛，以手抆淚而作是念：『本有諸方比丘衆來，欲見世尊供養禮事，皆得隨時奉見世尊供養禮事；若聞世尊般涅槃已，便不復來奉見世尊供養禮事，我亦不得隨時見佛供養禮事。』」

於是世尊告曰：「阿難！汝勿啼泣，亦莫憂慼。所以者何？阿難！汝奉侍我，身行慈，口、意行慈，初無二心，安樂無量，無邊無限。阿難！若過去時諸如來、無所著、等正覺有奉侍者，無勝於汝。阿難！若未來諸如來、無所著、等正覺有奉侍者，亦無勝汝。阿難！我今現在如來、無所著、等正覺若有侍者，亦無勝汝。所以者何？阿難善知時，善別時。知我是往見如來時，知我非往見如來時。知比丘眾、比丘尼眾是往見如來時，知比丘眾、比丘尼眾非往見如來時。知優婆塞眾、優婆私眾是往見如來時，知優婆塞眾、優婆私眾非往見如來時。知眾多異學沙門、梵志是往見如來時，知眾多異學沙門、梵志非往見如來時。知此衆多異學沙門、梵志能與如來共論，知此衆多異學沙門、梵志不能與如來共論。知此食噉含消，如來食已得安隱饒益；知此食噉含消，如來食已不得安隱饒益。知此食噉含消，如來食已得辯才說法；知此食噉含消，如來食已不得辯才說法。復次，阿難！汝雖無他心智，而逆知如來晡時從燕坐起，預為人說，今日如來行如是，如是現法樂居，審如所說，諦無有異。」

於是世尊欲令尊者阿難喜，告諸比丘：「轉輪聖王得四未曾有法。云何為四？剎利衆往見轉輪王，若默然時，見已歡喜；若所說時，聞已歡喜。梵志衆、居士衆、沙門衆往見轉輪王，若默然時，見已歡喜；若所說時，聞已歡喜。阿難比丘亦復如是，得四未曾有法。云何為四？比丘眾往見阿難，若默然時，見已歡喜；若所說時，聞已歡喜。比丘尼眾、優婆塞眾、優婆私眾往見阿難，若默然時，見已歡喜；若所說時，聞已歡喜。復次，阿難為眾說法，有四未曾有。云何為四？阿難比丘為比丘眾至心說法，非不至心。彼比丘眾亦作是念：『願尊者阿難常說法，莫令中止！』彼比丘眾聞尊者阿難說法，終無厭足，然阿難比丘自默然住。為比丘尼眾、優婆塞眾、優婆私眾至心說法，非不至心。優婆私眾亦作是念：『願尊者阿難常說法，莫令中止！』優婆私眾聞尊者阿難說法，終無厭足，然阿難比丘自默然住。」

復次，一時佛般涅槃後不久，尊者阿難遊於金剛，住金剛村中。是時尊者阿難無量百千眾前後圍繞而為說法，於是尊者金剛子亦在眾中。尊者金剛子心作是念：「此尊者阿難故是學人，未離欲耶？我寧可入如其像定，以如其像定，觀尊者阿難心。」

於是尊者金剛子便入如其像定，以如其像定觀尊者阿難心，尊者金剛子即知尊者阿難故是學人，而未離欲。

於是尊者金剛子從三昧起，向尊者阿難而說頌曰：

山林靜思惟，　涅槃令入心，　瞿曇禪無亂，　不久息跡證。

於是尊者阿難受尊者金剛子教，離衆獨行，精進無亂。彼離衆獨行，精進無亂，族姓子所為，剃除鬚髮，著袈裟衣，至信捨家，無家學道者，唯無上梵行訖，彼即於現法自知自覺，自作證成就遊：生已盡，梵行已立，所作已辦，不更受有，知如真。

尊者阿難知法已，乃至得阿羅訶，尊者阿難作是說：「諸賢！我坐床上，下頭未至枕頃，便斷一切漏，得心解脫。」若尊者阿難作此說，是謂尊者阿難未曾有法。

尊者阿難復作是說：「諸賢！我當結*跏趺坐而般涅槃。」尊者阿難便結*跏趺坐而般涅槃。若尊者阿難結*跏趺坐而般涅槃，是謂尊者阿難未曾有法。

佛說如是，彼諸比丘聞佛所說，歡喜奉行。

侍者經第二竟四千三百九十九字

(三四)中阿含未曾有法品薄拘羅經第三初一日誦

我聞如是：一時，佛般涅槃後不久，尊者薄拘羅遊王舍城，在竹林加蘭哆園。

爾時有一異學，是尊者薄拘羅未出家時親善朋友，中後仿佯往詣尊者薄拘羅所，共相問訊，却坐一面。異學曰：「賢者薄拘羅！我欲有所問，為見聽不？」

尊者薄拘羅答曰：「異學！隨汝所問，聞已當思。」

異學問曰：「賢者薄拘羅！於此正法律中，學道幾時？」

尊者薄拘羅答曰：「異學！我於此正法律中，學道已來八十年。」

異學復問曰：「賢者薄拘羅！汝於此正法律中，學道已來八十年，頗憶曾行婬欲事耶？」

尊者薄拘羅語異學曰：「汝莫作是問，更問餘事：『賢者薄拘羅！於此正法律中，學道已來八十年，頗憶曾起欲想耶？』異學！汝應作是問。」

於是異學便作是語：「我今更問賢者薄拘羅，汝於此正法律中，學道已來八十年，頗憶曾起欲想耶？」

於是尊者薄拘羅因此異學問，便語諸比丘：「諸賢！我於此正法律中，學道已來八十年，以此起貢高者，都無是想。」若尊者薄拘羅作此說，是謂尊者薄拘羅未曾有法。

復次，尊者薄拘羅作是說：「諸賢！我於此正法律中，學道已來八十年，未曾有欲想。」若尊者薄拘羅作此說，是謂尊者薄拘羅未曾有法。

復次，尊者薄拘羅作是說：「諸賢！我持糞掃衣來八十年，若因此起貢高者，都無是相。」若尊者薄拘羅作此說，是謂尊者薄拘羅未曾有法。

復次，尊者薄拘羅作是說：「諸賢！我持糞掃衣來八十年，未曾憶受居士衣，未曾割截作衣，未曾倩他比丘作衣，未曾用針縫衣，未曾持針縫囊，乃至一縷。」若尊者薄拘羅作此說，是謂尊者薄拘羅未曾有法。

復次，尊者薄拘羅作是說：「諸賢！我乞食來八十年，若因此起貢高者，都無是相。」若尊者薄拘羅作此說，是謂尊者薄拘羅未曾有法。

復次，尊者薄拘羅作是說：「諸賢！我乞食來八十年，未曾憶受居士請，未曾超越乞食，未曾從大家乞食，於中當得淨好極妙豐饒食噉含消，未曾視女人面，未曾憶入比丘尼坊中，未曾憶與比丘尼共相問訊，乃至道路亦不共語。」若尊者薄拘羅作此說，是謂尊者薄拘羅未曾有法。

復次，尊者薄拘羅*是說：「諸賢！我於此正法律中，學道已來八十年，未曾憶畜沙彌，未曾憶為白衣說法，乃至四句頌亦不為說。」若尊者薄拘羅作此說，是謂尊者薄拘羅未曾有法。

復次，尊者薄拘羅作是說：「諸賢！我於此正法律中，學道已來八十年，未曾有病，乃至彈指頃頭痛者，未曾憶服藥，乃至一片訶梨勒。」若尊者薄拘羅作此說，是謂尊者薄拘羅未曾有法。

復次，尊者薄拘羅作是說：「諸賢！我結加趺坐，於八十年未曾*倚壁*倚樹。」若尊者薄拘羅作此說，是謂尊者薄拘羅未曾有法。

復次，尊者薄拘羅作是說：「諸賢！我於三日夜中，得三達證。」若尊者薄拘羅作此說，是謂尊者薄拘羅未曾有法。

復次，尊者薄拘羅作是說：「諸賢！我結*跏趺坐而般涅槃。」尊者薄拘羅便結*跏趺坐而般涅槃。若尊者薄拘羅結*跏趺坐而般涅槃，是謂尊者薄拘羅未曾有法。

尊者薄拘羅所說如是，彼時異學及諸比丘聞所說已，歡喜奉行。

薄拘羅經第三竟九百八十字

(三五)中阿含未曾有法品阿修羅經第四初一日誦

我聞如是：一時，佛遊鞞蘭若，在黃蘆園。

爾時婆羅邏阿修羅王牟梨遮阿修羅子，色像巍巍，光耀暐曄，夜將向旦往詣佛所，禮世尊足却住一面。

世尊問曰：「婆羅邏！大海中阿修羅無有衰退阿修羅壽、阿修羅色、阿修羅樂、阿修羅力，諸阿修羅樂大海中耶？」

婆羅邏阿修羅王牟梨遮阿修羅子答曰：「世尊！我大海中諸阿修羅無有衰退於阿修羅壽、阿修羅色、阿修羅樂、阿修羅力，諸阿修羅樂大海中。」

世尊復問曰：「婆羅邏！大海中有幾未曾有法，令諸阿修羅見已樂中？」

婆羅邏答曰：「世尊！我大海中有八未曾有法，令諸阿修羅見已樂中。云何為八？世尊！我大海從下至上周迴漸廣，均調轉上以成於岸，其水常滿未曾流出。世尊！若我大海從下至上周迴漸廣，均調轉上以成於岸，其水常滿未曾流出者，是謂我大海中第一未曾有法，諸阿修羅見已樂中。

「復次，世尊！我大海潮未曾失時。世尊！若我大海潮未曾失時者，是謂我大海中第二未曾有法，諸阿修羅見已樂中。

「復次，世尊！我大海水甚深無底，極廣無邊。世尊！若我大海甚深無底，極廣無邊者，是謂我大海中第三未曾有法，諸阿修羅見已樂中。

「復次，世尊！我大海水鹹，皆同一味。世尊！若我大海水鹹，皆同一味者，是謂我大海中第四未曾有法，諸阿修羅見已樂中。

「復次，世尊！我大海中多有珍寶，無量璝異，種種珍琦，充滿其中。珍寶名者，謂金、銀、水精、琉璃、摩尼、真珠、碧玉、白珂、螺璧、珊瑚、虎珀、馬瑙、瑇瑁、赤石、琁珠。世尊！若我大海中多有珍寶，無量璝異，種種珍琦，充滿其中。珍寶名者，謂金、銀、水精、琉璃、摩尼、真珠、碧玉、白珂、螺璧、珊瑚、虎珀、馬瑙、瑇瑁、赤石、琁珠者，是謂我大海中第五未曾有法，諸阿修羅見已樂中。

「復次，世尊！我大海中大神所居，大神名者，謂阿修羅、乾塔和、羅剎、魚摩竭、龜、鼉、婆留泥、帝麑、帝麑伽羅、提帝麑伽羅。復次，大海中甚奇甚特！眾生身體有百由延，有二百由延，有①三百由延，有至七百由延身，皆居海中。世尊！若大海中大神所居，大神名者，謂阿修羅、乾塔和、羅剎、魚摩竭、龜、鼉、婆留泥、帝麑、帝麑伽羅、提帝麑伽羅。復次，大海中甚奇甚特！眾生身體有百由延，有二百由延，有三百由延，有至七百由延身，皆居海中者，是謂我大海中第六未曾有法，諸阿修羅見已樂中。

「復次，世尊！我大海清淨，不受死屍，若有命終者，過夜風便吹著岸上。世尊！若我大海清淨，不受死屍，若有命終者，過夜風便吹著岸上者，是謂我大海中第七未曾有法，諸阿修羅見已樂中。

「復次，世尊！我大海閻浮洲中有五大河，一曰恒伽，二曰搖尤那，三曰舍牢浮，四曰阿夷羅婆提，五曰摩企，悉入大海，既入中已各捨本名，皆曰大海。世尊！若我大海閻浮洲中有五大河，一曰恒伽，二曰搖尤那，三曰舍牢浮，四曰阿夷羅婆提，五曰摩企，悉入大海，既入中已各捨本名，皆曰大海者，是謂我大海中第八未曾有法，諸阿修羅見已樂中。

「世尊！是謂我大海中有八未曾有法，諸阿修羅見已樂中。世尊！於佛正法律中有幾未曾有法，令諸比丘見已樂中？」

世尊答曰：「婆羅邏！我正法律中，亦有八未曾有法，令諸比丘見已樂中。云何為八？婆羅邏！如大海從下至上周迴漸廣，均調轉上以成於岸，其水常滿未曾流出。婆羅邏！我正法律亦復如是，漸作漸學，漸盡漸教。婆羅邏！若我正法律中漸作漸學，漸盡漸教者，是謂我正法律中第一未曾有法，令諸比丘見已樂中。

「復次，婆羅邏！如大海潮，未曾失時。婆羅邏！我正法律亦復如是，為比丘、比丘尼、優婆塞、優婆私施設禁戒，諸族姓子乃至命盡終不犯戒。婆羅邏！若我正法律中為比丘、比丘尼、優婆塞、優婆私施設禁戒，諸族姓子乃至命盡終不犯戒者，是謂我正法律中第二未曾有法，令諸比丘見已樂中。

「復次，婆羅邏！如大海水甚深無底，極廣無邊。婆羅邏！我正法律亦復如是，諸法甚深，甚深無底，極廣無邊。婆羅邏！若我正法律中諸法甚深，甚深無底，極廣無邊者，是謂我正法律中第三未曾有法，令諸比丘見已樂中。

「復次，婆羅邏！如大海水鹹，皆同一味。婆羅邏！我正法律亦復如是，無欲為味，覺味、息味及道味。婆羅邏！若我正法律中無欲為味，覺味、息味及道味者，是謂我正法律中第四未曾有法，令諸比丘見已樂中。

「復次，婆羅邏！如大海中多有珍寶，無量璝異，種種珍琦，充滿其中。珍寶名者，謂金、銀、水精、琉璃、摩尼、真珠、碧玉、白珂、螺璧、珊瑚、虎珀、馬瑙、瑇瑁、赤石、琁珠。婆羅邏！我正法律亦復如是，多有珍寶，無量璝異，種種珍琦，充滿其中。珍寶名者，謂四念處、四正勤、四如意足、五根、五力、七覺支、八支聖道。婆羅邏！若我正法律中多有珍寶，無量璝異，種種珍琦，充滿其中。珍寶名者，謂四念處、四正勤、四如意足、五根、五力、七覺支、八支聖道者，是謂我正法律中第五未曾有法，令諸比丘見已樂中。

「復次，婆羅邏！如大海中大神所居，大神名者，謂阿修羅、乾塔和、羅剎、魚摩竭、龜、鼉、婆留泥、帝麑、帝麑伽羅、提帝麑伽羅。復次，大海中甚奇甚特！衆生身體有百由延，有二百由延，有三百由延，有至七百由延身，皆居海中。婆羅邏！我正法律亦復如是，聖衆大神皆居其中，大神名者，謂阿羅訶、向阿羅訶、阿那含、向阿那含、斯陀含、向斯陀含、須陀洹、向須陀洹。婆羅邏！若我正法律中聖衆大神皆居其中，大神名者，謂阿羅訶、向阿羅訶、阿那含、向阿那含、斯陀含、向斯陀含、須陀洹、向須陀洹者，是謂我正法律中第六未曾有法，令諸比丘見已樂中。

「復次，婆羅邏！如大海清淨，不受死屍，若有命終者，過夜風便吹著岸上。婆羅邏！我正法律亦復如是，聖衆清淨，不受死*屍，若有不精進人惡生，非梵行稱梵行，非沙門稱沙門，彼雖墮在聖衆之中，然去聖衆遠，聖衆亦復去離彼遠。婆羅邏！若我正法律中聖衆清淨，不受死屍，若有不精進人惡生，非梵行稱梵行，非沙門稱沙門，彼雖墮在聖衆之中，然去聖衆遠，聖衆亦復去離彼遠者，是謂我正法律中第七未曾有法，令諸比丘見已樂中。

「復次，婆羅邏！如大海閻浮洲中有五大河，一曰恒伽，二曰搖尤那，三曰舍牢浮，四曰阿夷羅婆提，五曰摩企，悉入大海，既入中已各捨本名，皆曰大海。婆羅邏！我正法律亦復如是，刹利種族姓子剃除鬚髮，著袈裟衣，至信捨家，無家學道，彼捨本名，同曰沙門；梵志種、居士種、工師種族姓子剃除鬚髮，著袈裟衣，至信捨家，無家學道，彼捨本名，同曰沙門。婆羅邏！若我正法律中刹利種族姓子剃除鬚髮，著袈裟衣，至信捨家，無家學道，彼捨本名，同曰沙門；

梵志種、居士種、工師種族姓子剃除鬚髮，著袈裟衣，至信捨家，無家學道，彼捨本名，同曰沙門者，是謂我正法律中第八未曾有法，令諸比丘見已樂中。

「婆羅邏！是謂正法律中有八未曾有法，令諸比丘見已樂中。婆羅邏！於意云何？若我正法律中有八未曾有法，若汝大海中有八未曾有法，此二種未曾有法，何者為上？為勝、為妙、為最？」

婆羅邏白曰：「世尊！我大海中有八未曾有法，不及如來八未曾有法，不如千倍萬倍，不可比、不可喻、不可稱、不可數，但世尊八未曾有法為上、為勝、為妙、為最。世尊！我今自歸於佛、法及比丘眾，唯願世尊受我為優婆塞！從今日始，終身自歸，乃至命盡。」

佛說如是，婆羅邏阿修羅王及諸比丘聞佛所說，歡喜奉行。

阿修羅經第四竟二千三百六十二字

中阿含經卷第八一萬六百五十八字　初一日誦

中阿含經卷第九

東晉罽賓三藏瞿曇僧伽提婆譯

(三六)未曾有法品地動經第五 初一日誦

我聞如是：一時，佛遊金剛國，城名曰地。

爾時彼地大動，地大動時，四面大風起，四方彗星出，屋舍牆壁皆崩壞盡，於是尊者阿難見地大動，地大動時，四面大風起，四方彗星出，屋舍牆壁皆崩壞盡。

尊者阿難見已恐怖舉身毛豎，往詣佛所，稽首禮足，却住一面，白曰：「世尊！今地大動，地大動時，四面大風起，四方彗星出，屋舍牆壁皆崩壞盡。」

於是世尊語尊者阿難曰：「如是，阿難！今地大動。如是，阿難！地大動時，四面大風起，四方彗星出，屋舍牆壁皆崩壞盡。」

尊者阿難白曰：「世尊！有幾因緣令地大動，地大動時，四面大風起，四方彗星出，屋舍牆壁皆崩壞盡？」

世尊答曰：「阿難！有三因緣令地大動，地大動時，四面大風起，四方彗星出，屋舍牆壁皆崩壞盡。云何為三？阿難！此地止水上，水止風上，風依於空。阿難！有時空中大風起，風起則水擾，水擾則地動，是謂第一因緣令地大動，地大動時，四面大風起，四方彗星出，屋舍牆壁崩壞盡。

「復次，阿難！比丘有大如意足，有大威德，有大福祐，有大威神，心自在如意足，彼於地作小想，於水作無量想。彼因是故，此地隨所欲，隨其意，擾復擾、震復震。護比丘天亦復如是，有大如意足，有大威德，有大福祐，有大威神，心自在如意足，彼於地作小想，於水作無量想。彼因是故，此地隨所欲，隨其意，擾復擾、震復震。是謂第二因緣令地大動。地大動時，四面大風起，四方彗星出，屋舍牆壁皆崩壞盡。

「復次，阿難！若如來不久過三月已當般涅槃，由是之故，令地大動，地大動時，四面大風起，四方彗星出，屋舍牆壁皆崩壞盡，是謂第三因緣令地大動，地大動時，四面大風起，四方彗星出，屋舍牆壁皆崩壞盡。」

於是尊者阿難聞是語已，悲泣涕零，叉手向佛白曰：「世尊！甚奇！甚特！如來、無所著、等正覺成就功德，得未曾有法。所以者何？謂如來不久過三月已當般涅槃，是時令地大動，地大動時，四面大風起，四方彗星出，屋舍牆壁皆崩壞盡。」

世尊語尊者阿難曰：「如是，阿難！如是，阿難！甚奇！甚特！如來、無所著、等正覺成就功德，得未曾有法。所以者何？謂如來不久過三月已當般涅槃，是時令地大動，地大動時，四面大風起，四方彗星出，屋舍牆壁皆崩壞盡。

「復次，阿難！我往詣無量百千剎利眾，共坐談論，令可彼意。共坐定已，如彼色像，我色像亦然；如彼音聲，我音聲亦然；如彼威儀禮節，我威儀禮節亦然。若彼問義，我答彼義。復次，我為彼說法，勸發渴仰成就歡喜。無量方便為彼說法，勸發渴仰成就歡喜已，即彼處沒。我既沒已，彼不知誰？為人？為非人？阿難！如是甚奇！甚特！如來、無所著、等正覺成就功德，得未曾有法。如是梵志眾、居士眾、沙門眾。

「阿難！我往詣無量百千四王天眾共坐談論，令可彼意。共坐定已，如彼色像，我色像亦然；如彼音聲，我音聲亦然；如彼威儀禮節，我威儀禮節亦然。若彼問義，我答彼義。復次，我為彼說法，勸發渴仰成就歡喜。無量方便為彼說法，勸發渴仰成就歡喜已，即彼處沒。我既沒已，彼不知誰？為天？為異天？阿難！如是甚奇！甚特！如來、無所著、等正覺成就功德，得未曾有法。如是三十三天、燄摩天、兜率哆天、化樂天、他化樂天、梵身天、梵富樓天、少光天、無量光天、晃昱天、少淨天、無量淨天、遍淨天、無罣礙天、受福天、果實天、無煩天、無熱天、善見天、善現天。

「阿難！我往詣無量百千色究竟天眾，共坐談論，令可彼意。共坐定已，如彼色像，我色像亦然；如彼音聲，我音聲亦然；如彼威儀禮節，我威儀禮節亦然。若彼問義，我答彼義。復次，我為彼說法，勸發渴仰成就歡喜。無量方便為彼說法，勸發渴仰成就歡喜已，即彼處沒。我既沒已，彼不知誰？為天？為異天？阿難！如是甚奇！甚特！如來、無所著、等正覺成就功德，得未曾有法。」

佛說如是，尊者阿難及諸比丘聞佛所說，歡喜奉行。

地動經第五竟一千二百三十三字

(三七)中阿含未曾有法品瞻波經第六初一日誦

我聞如是：一時，佛遊瞻波在恒伽池邊。

爾時世尊月十五日說從解脫時，於比丘眾前敷座而坐。世尊坐已，即便入定，以他心智觀察眾心。觀眾心已，至初夜竟默然而坐。

於是有一比丘即從坐起，偏袒著衣，叉手向佛白曰：「世尊！初夜已訖，佛及比丘眾集坐來久，唯願世尊說從解脫！」

爾時世尊默然不答，於是世尊復至中夜默然而坐。

彼一比丘再從坐起，偏袒著衣，叉手向佛白曰：「世尊！初夜已過，中夜將訖，佛及比丘眾集坐來久，唯願世尊說從解脫！」

世尊亦再默然不答，於是世尊復至後夜默然而坐。

彼一比丘三從坐起，偏袒著衣，叉手向佛白曰：「世尊！初夜既過，中夜復訖，後夜垂盡，將向欲明，明出不久，佛及比丘眾集坐極久，唯願世尊說從解脫！」

爾時世尊告彼比丘：「於此眾中有一比丘，已為不淨。」

彼時尊者大目乾連亦在眾中，於是尊者大目乾連便作是念：「世尊為何比丘而說此眾中，有一比丘已為不淨，我寧可入如其像定，以如其像定他心之智，觀察眾心！」

尊者大目乾連即入如其像定，以如其像定他心之智，觀察眾心，尊者大目乾連便知世尊所為比丘說此眾中，有一比丘已為不淨。

於是尊者大目乾連即從定起，至彼比丘前牽臂將出，開門置外：「癡人遠去！莫於此住！不復得與比丘眾會，從今已去非是比丘。」

閉門下鑰還詣佛所，稽首佛足却坐一面，白曰：「世尊所為比丘說此眾中，有一比丘已為不淨，我已逐出。世尊！初夜既過，中夜復訖，後夜垂盡，將向欲明，明出不久，佛及比丘眾集坐極久，唯願世尊說從解脫！」

世尊告曰：「大目乾連！彼愚癡人當得大罪，觸嬈世尊及比丘眾。大目乾連！若使如來在不淨眾說從解脫者，彼人則便頭破七分。是故，大目乾連！汝等從今已後說從解脫，如來不復說從解脫。所以者何？大目乾連！如彼大海從下至上周迴漸廣，均調轉上以成於岸，其水常滿未曾流出。大目乾連！我正法律亦復如是，漸作漸學，漸盡漸教。大目乾連！若我正法律漸作漸學，漸盡漸教者，是謂我正法律中未曾有法。

「復次，大目乾連！如大海潮，未曾失時。大目乾連！我正法律亦復如是，為比丘、比丘尼、優婆塞、優婆私施設禁戒，諸族姓子乃至命盡終不犯戒。大目乾連！若我正法律為比丘、比丘尼、優婆塞、優婆私施設禁戒，諸族姓子乃至命盡終不犯戒者，是謂我正法律中未曾有法。

「復次，大目乾連！如大海水，甚深無底，極廣無邊。大目乾連！我正法律亦復如是，諸法甚深，甚深無底，極廣無邊。大目乾連！若我正法律諸法甚深，甚深無底，極廣無邊者，是謂我正法律中未曾有法。

「復次，大目乾連！如海水鹹，皆同一味。大目乾連！我正法律亦復如是，無欲為味，覺味、息味及道味。大目乾連！若我正法律無欲為味，覺味、息味及道味者，是謂我正法律中未曾有法。

「復次，大目乾連！如大海中多有珍寶，無量璝異，種種珍奇，充滿其中。珍寶名者，謂金、銀、水精、琉璃、摩尼、真珠、碧玉、白珂、車璖、珊瑚、虎珀、馬瑙、瑇瑁、赤石、琁珠。大目乾連！我正法律亦復如是，多有珍寶，無量璝異，種種珍琦，充滿其中。珍寶名者，謂四念處、四正勤、四如意足、五根、五力、七覺支、八支聖道。大目乾連！若我正法律多有珍寶，無量璝異，種種珍奇，充滿其中。珍寶名者，謂四念處、四正勤、四如意足、五根、五力、七覺支、八支聖道者，是謂我正法律中未曾有法。

「復次，大目乾連！如大海中大神所居，大神名者，謂阿修羅、乾沓和、羅刹、魚摩竭、龜、鼉、婆留泥、帝麑、帝麑伽羅、提帝麑伽羅。復次，大海中甚奇！甚特！衆生身體有百由延有，二百由延，有三百由延，有至七百由延身，皆居海中。大目乾連！我正法律亦復如是，聖衆大神皆居其中，大神名者，謂阿羅訶、向阿羅訶、阿那含、向阿那含、斯陀含、向斯陀含、須陀洹、向須陀洹。大目乾連！若我正法律聖衆大神皆居其中，大神名者，謂阿羅訶、向阿羅訶、阿那含、向阿那含、斯陀含、向斯陀含、須陀洹、向須陀洹者，是謂我正法律中未曾有法。

「復次，大目乾連！如大海清淨，不受死屍，若有命終者，過夜風便吹著岸上。大目乾連！我正法律亦復如是，聖衆清淨，不受死屍，若有不精進人惡生，非梵行稱梵行，非沙門稱沙門，彼雖隨在聖衆之中，然去聖衆遠，聖衆亦復去離彼遠。大目乾連！若我正法律聖衆清淨，不受死屍，若有不精進人惡生，非梵行稱梵行，非沙門稱沙門，彼雖隨在聖衆之中，然去聖衆遠，聖衆亦復去離彼遠者，是謂我正法律中未曾有法。

「復次，大目乾連！如彼大海閻浮洲中有五大河，一曰恒伽，二曰搖尤那，三曰舍牢浮，四曰阿夷羅婆提，五曰摩企，皆入大海，及大海中龍水從空雨墮，渧如車釧，是一切水不能令大海有增減也。大目乾連！我正法律亦復如是，剎利種族姓子剃除鬚髮，著袈裟衣，至信捨家，無家學道，不移動心解脫，自作證成就遊。大目乾連！不移動心解脫，於我正法律中無增無減。如是梵志種、居士種、工師種族姓子，剃除鬚髮，著袈裟衣，至信捨家，無家學道，不移動心解脫，自作證成就遊。大目乾連！不移動心解脫，於我正法律中無增無減。大目乾連！若我正法律剎利種族姓子，剃除鬚髮，著袈裟衣，至信捨家，無家學道，不移動心解脫，自作證成就遊。大目乾連！不移動心解脫，於我正法律中無增無減。如是梵志種、居士種、工師種族姓子，剃除鬚髮，著袈裟衣，至信捨家，無家學道，不移動心解脫，自作證成就遊。大目乾連！不移動心解脫，於我正法律中無增無減者，是謂我正法律中未曾有法。」

佛說如是，尊者大目乾連及諸比丘聞佛所說，歡喜奉行。

瞻波經第六竟一千八百一十四字

（三八）中阿含未曾有法品郁伽長者經第七 初一日誦

我聞如是：一時，佛遊鞞舍離，住大林中。

爾時郁伽長者唯婦女侍從，在諸女前從鞞舍離出，於鞞舍離大林中間，唯作女妓娛樂如王。於是郁伽長者飲酒大醉，捨諸婦女至大林中。郁伽長者飲酒大醉，遙見世尊在林樹間，端正姝好猶星中月，光耀暐曄晃若金山，相好具足威神巍巍，諸根寂定無有蔽礙，成就調御息心靜默，彼見佛已即時醉醒。郁伽長者醉既醒已，便往詣佛，稽首禮足却坐一面。

爾時世尊為彼說法，勸發渴仰成就歡喜。無量方便為彼說法，勸發渴仰成就歡喜已，如諸佛法先說端正法，聞者歡悅，謂說施，說戒，說生天法，毀呰欲為災患，生死為穢，稱歎無欲為妙，道品白淨。世尊為彼說如是法已，佛知彼有歡喜心、具足心、柔軟心、堪耐心、勝上心、一向心、無疑心、無蓋心，有能有力堪受正法，謂如諸佛說正法要。世尊即為彼說苦、習、滅、道，彼時郁伽長者即於坐中見四聖諦苦、習、滅、道。猶如白素易染為色，郁伽長者亦復如是，即於坐中見四聖諦苦、習、滅、道。

於是郁伽長者已見法得法，覺白淨法，斷疑度惑，更無餘尊，不復從他，無有猶豫，已住果證，於世尊法得無所畏，即從坐起，為佛作禮，白曰：「世尊！我今自歸於佛、法及比丘眾，唯願世尊受我為優婆塞！從今日始，終身自歸，乃至命盡。世尊！我從今日，從世尊自盡形壽，梵行為首，受持五戒。」

郁伽長者從世尊自盡形壽，梵行為首，受持五戒已，稽首佛足，繞三匝而去。還歸其家，即集諸婦人，集已語曰：「汝等知不？我從世尊自盡形壽，梵行為首，受持五戒。汝等欲得住於此者，便可住此，行施作福。若不欲住者，各自還歸。若汝欲得嫁者，我當嫁汝。」

於是最大夫人白郁伽長者：「若尊從佛自盡形壽，梵行為首，受持五戒者，便可以我與彼某甲。」

郁伽長者即為呼彼人，以左手執大夫人臂，右手執金澡罐，語彼人曰：「我今以大夫人與汝作婦。」

彼人聞已便大恐怖，身毛皆豎，白郁伽長者：「長者欲殺我耶？◎長者☆欲殺我耶？」

長者答曰：「◎我不殺汝，然我從佛自盡形壽，梵行為首，受持五戒，是故我以最大夫人，與汝作婦耳。」

郁伽長者已與大夫人，當與與時都無悔心。

是時世尊無量百千大眾圍繞，於中咨嗟稱歎郁伽長者：「郁伽長者有八未曾有法。」

於是有一比丘過夜平旦，著衣持鉢，往詣郁伽長者家。郁伽長者遙見比丘來，即從坐起，偏袒著衣，叉手向比丘白曰：「尊者善來！尊者久不來此，願坐此床。」

彼時比丘即坐其床，郁伽長者禮比丘足，却坐一面。比丘告曰：「長者！汝有善利，有大功德。所以者何？謂世尊為汝，無量百千大衆圍繞，於中咨嗟稱歎：『郁伽長者有八未曾有法。』長者！汝有何法？」

郁伽長者答比丘曰：「尊者！世尊初不說異，然我不知世尊為何因說，但尊者聽，調我有法。

「一時世尊遊鞞舍離，住大林中。尊者！我於爾時唯婦女侍從，我最在前出鞞舍離，於鞞舍離大林中間，唯作女妓娛樂如王。尊者！我於爾時飲酒大醉，捨諸婦女至大林中。尊者！我時大醉，遙見世尊在林樹間，端正姝好猶星中月，光耀暐曄晃若金山，相好具足威神巍巍，諸根寂定無有蔽礙，成就調御息心靜默，我見佛已即時醉醒。尊者！我有是法。」

比丘歎曰：「長者！若有是法，甚奇！甚特！」

「尊者！我不但有是法。復次，尊者！我醉醒已便往詣佛，稽首禮足却坐一面。世尊為我說法，勸發渴仰成就歡喜。無量方便為我說法，勸發渴仰成就歡喜已，如諸佛法先說端正法，聞者歡悅，謂說施，說戒，說生天法，毀呰欲為災患，生死為穢；稱歎無欲為妙，道品白淨。世尊為我說如是法已，佛知我有歡喜心、具足心、柔軟心、堪耐心、勝上心、一向心、無疑心、無蓋心，有能有力堪受正法，謂如諸佛說正法要。世尊即為我說苦、習、滅、道，我爾時即於坐中見四聖諦苦、習、滅、道。猶如白素易染為色，尊者！我亦如是，即於坐中見四聖諦苦、習、滅、道。尊者！我有是法。」

比丘歎曰：「長者！若有是法，甚奇！甚特！」

「尊者！我不但有是法。復次，尊者！我見法得法，覺白淨法，斷疑度惑，更無餘尊，不復從他，無有猶豫，已住果證，於世尊法得無所畏。尊者！我爾時即從坐起，稽首佛足：『世尊！我今自歸於佛、法及比丘眾，唯願世尊受我為優婆塞！從今*日始，終身自歸，乃至命盡。世尊！我從今日，從世尊自盡形壽，梵行為首，受持五戒。』尊者！若我從世尊自盡形壽，梵行為首，受持五戒，未曾知己犯戒。尊者，我有是法。」

比丘歎曰：「長者！若有是法，甚奇！甚特！」

「尊者！我不但有是法。復次，尊者！我爾時從世尊自盡形壽，梵行為首，受持五戒已，稽首佛足，繞三匝而去。還歸其家，集諸婦女，集已語曰：『汝等知不？我從世尊自盡形壽，梵行為首，受持五戒，汝等欲得住於此者，便可住此，行施作福。若不欲住者，各自還歸。若汝欲得嫁者，我當嫁汝。』於是最大夫人來白我曰：『若尊從佛自盡形壽，梵行為首，受持五戒者，便可以我與彼某甲。』尊者！我爾時即為呼彼人，以左手執大夫人臂，右手執金澡罐，語彼人曰：『我今以大夫人與汝作婦。』彼人聞已便大恐怖，身毛皆竪而白我曰：『長者欲殺我耶？長者欲殺我耶？』尊者！我語彼曰：『不欲殺汝，然我從佛自盡形壽，梵行為首，受持五戒，是故我以最大夫人與汝作婦耳。』尊者！我已與大夫人，當與與時都無悔心。尊者！我有是法。」

比丘歎曰：「長者！若有是法，甚奇！甚特！」

「尊者！我不但有是法。復次，尊者！我詣衆園時，若初見一比丘，便為作禮。若彼比丘經行者，我亦隨經行。若彼坐者，我亦於一面坐。坐已聽法，彼尊為我說法，我亦為彼尊說法。彼尊問我事，我亦問彼尊事；彼尊答我事，我亦答彼尊事。尊者！我未曾憶輕慢上、中、下長老上尊比丘。尊者！我有是法。」

比丘歎曰：「長者！若有是法，甚奇！甚特！」

「尊者！我不但有是法。復次，尊者！我在比丘眾行布施時，天住虛空而告我曰：『長者！此是阿羅訶，此是向阿羅訶；此是阿那含，此是向阿那含；此是斯陀含，此是向斯陀含；此是須陀洹，此是向須陀洹；此精進，此不精進。』尊者！我施比丘眾時，未曾憶有分別意。尊者！我有是法。」

比丘歎曰：「長者！若有是法，甚奇！甚特！」

「尊者！我不但有是法。復次，尊者！我在比丘眾行布施時，有天住虛空中而告我曰：『長者！有如來、無所著、等正覺、世尊善說法，如來聖眾善趣向。』尊者！我不從彼天信，不從彼欲樂，不從彼所聞，但我自有淨智，知有如來、無所著、等正覺、世尊善說法，如來聖衆善趣向。尊者！我有是法。」

比丘歎曰：「長者！若有是法，甚奇！甚特！」

「尊者！我不但有是法。復次，尊者！謂佛所說五下分結，貪欲、瞋恚、身見、戒取、疑，我見此五無一不盡，令縛我還此世間入於胎中。尊者！我有是法。」

比丘歎曰：「長者！若有是法，甚奇！甚特！」

郁伽長者白比丘曰：「願尊在此食！」

比丘為郁伽長者故，默然受請。郁伽長者知彼比丘默然受已，即從坐起，自行澡水，以極淨美種種豐饒食噉含消，自手斟酌，令得飽滿。食訖收器，行澡水竟，持一小床別坐聽法。比丘為長者說法，勸發渴仰成就歡喜。無量方便為彼說法，勸發渴仰成就歡喜已，從坐起去往詣佛所，稽首禮足却坐一面，謂與郁伽長者本所共論，盡向佛廣說。

於是世尊告諸比丘：「我以是故，咨嗟稱歎郁伽長者有八未曾有法。」

佛說如是，彼諸比丘聞佛所說，歡喜奉行。

郁伽長者經第七竟二千三百二十九字

(三九)中阿含未曾有法品郁伽長者經第八初一日誦

我聞如是：一時，佛般涅槃後不久，衆多上尊長老比丘遊鞞舍離，在獼猴水邊高樓臺觀。

爾時郁伽長者施設如是大施，謂與遠來客食，與行人、病人、瞻病者食，常設粥食，常設飯食，供給守僧園人，常請二十衆食，五日都請比丘衆食，施設如是大施。復於海中有一舶船，載滿貨還，價直百千，一時沒失。

衆多上尊長老比丘聞郁伽長者施設如是大施，謂與遠來客食，與行人、病人、瞻病者食，常設粥食，常設飯食，供給守僧園人，常請二十衆食，五日都請比丘衆食，聞已共作是議：「諸賢！誰能往語郁伽長者：長者可止，勿復布施！長者後自當知？」

彼作是念：「尊者阿難是佛侍者，受世尊教，佛所稱譽及諸智梵行人，尊者阿難*能往語郁伽長者：『長者可止，勿復布施！長者後自當知。』諸賢！我等共往詣尊者阿難所，說如此事。」

於是眾多上尊長老比丘往詣尊者阿難所，共相問訊，却坐一面，語曰：「賢者阿難知不？郁伽長者施設如是大施，謂與遠來客食，與行人、病人、瞻病者食，常設粥食，常設飯食，供給守僧園人，常請二十眾食，五日都請比丘眾食，施設如是大施。復於海中有一舶船，載滿貨還，價直百千，一時沒失，我等共作是議：『誰能往語郁伽長者而作是語：長者可止，勿復布施！長者後自當知？』復作是念：『尊者阿難是佛侍者，受世尊教，佛所稱譽及諸智梵行人，尊者阿難能往語郁伽長者：長者可止，勿復布施！長者後自當知。』賢者阿難可往詣郁伽長者而語彼曰：『長者可止，勿復布施！長者後自當知。』」

尊者阿難白諸長老上尊比丘曰：「諸尊！郁伽長者其性嚴整，若我自為語者，儻能致大不喜。諸尊！我為誰語？」

諸長老上尊比丘答曰：「賢者！稱比丘衆語，稱比丘衆語已，彼無所言。」

尊者阿難便默然受諸長老上尊比丘命，於是諸長老上尊比丘知尊者阿難默然許已，即從坐起繞尊者阿難，各自還去。

尊者阿難過夜平旦，著衣持鉢，往詣郁伽長者家。郁伽長者遙見尊者阿難來，即從坐起，偏袒著衣，叉手向尊者阿難，白曰：「善來尊者阿難！尊者阿難久不來此，願坐此床。」

尊者阿難即坐其床，郁伽長者禮尊者阿難足，却坐一面。尊者阿難告曰：「長者知不？長者施設如是大施，與遠來客食，與行人、病人、瞻病者食，常設粥食，常設飯食，供給守僧園人，常請二十眾食，五日都請比丘眾食，施設如是大施。復於海中有一舶船，載滿貨還，價直百千，一時沒失。長者可止，勿復布施！長者後自當知。」

長者白曰：「尊者阿難！為是誰語？」

尊者阿難答曰：「長者！我宣比丘眾語。」

長者白曰：「若尊者阿難宣比丘眾語者，無所復論。若自語者，或能致大不喜。尊者阿難！若我如是捨與，如是惠施，一切財物皆悉竭盡，但使我願滿，如轉輪王願。」

尊者阿難問曰：「長者！云何轉輪王願？」

長者答曰：「尊者阿難！村中貧人作是念：『令我於村中最富。』即是彼願。村中富人作是念：『令我於邑中最富。』即是彼願。邑中富人作是念：『令我於城中最富。』即是彼願。城中富人作是念：『令我於城中作宗正。』即是彼願。城中宗正作是念：『令我作國相。』即是彼願。國相作是念：『令我作小王。』即是彼願。小王作是念：『令我作轉輪王。』即是彼願。轉輪王作是念：『令我如族姓子所為，剃除鬚髮，著袈裟衣，至信捨家，無家學道者，謂無上梵行訖，令我於現法中自知自覺，自作證成就遊：生已盡，梵行已立，所作已*辦，不更受有，知如真。』即是彼願。尊者阿難！若我如是捨與，如是惠施，一切財物皆悉竭盡，但使我願滿，如轉輪王願。尊者阿難！我有是法。」

尊者阿難歎曰：「長者！若有是法，甚奇！甚*特！」

「復次，尊者阿難！我不但有是法。尊者阿難！我詣僧園時，若初見一比丘，便為作禮。若彼比丘經行者，我亦隨經行。若彼坐者，我亦於一面坐。坐已聽法，彼尊為我說法，我亦為彼尊說法。彼尊*問我事，我亦問彼尊事；彼尊答我事，我亦答彼尊事。尊者阿難！我未曾憶輕慢上、中、下長老上尊比丘。尊者阿難！我有是法。」

尊者阿難歎曰：「長者！若有是法，甚奇！甚特！」

「復次，尊者阿難！我不但有是法。尊者阿難！我在比丘衆行布施時，天住虛空而告我曰：『長者！此是阿羅訶，此是向阿羅訶；此是阿那含，此是向阿那含；此是斯陀含，此是向斯陀含；此是須陀洹，此是向須陀洹；此是精進，此不精進。』尊者阿難！我施比丘眾時未曾憶有分別意。尊者阿難！我有是法。」

尊者阿難歎曰：「長者！若有是法，甚希！甚特！」

「復次，尊者阿難！我不但有是法。尊者阿難！我在比丘眾行布施時，天住虛空而告我曰：『長者！有如來、無所著、等正覺、世尊善說法，如來聖眾善趣向。』我不從彼天信，不從彼欲樂，不從彼所聞，但我自有淨智，知有如來、無所著、等正覺、世尊善說法，如來聖眾善趣向。尊者阿難！我有是法。」

尊者阿難歎曰：「長者！若有是法，甚奇！甚特！」

「復次，尊者阿難！我不但有是法。尊者阿難！我離欲、離惡不善之法，至得第四禪成就遊。尊者阿難！我有是法。」

尊者阿難歎曰：「長者！若有是法，甚奇！甚特！」

於是郁伽長者白曰：「尊者阿難！願在此食。」

尊者阿難為郁伽長者故，默然受請。郁伽長者知尊者阿難默然受已，即從坐起，自行澡水，以極淨美種種豐饒食噉含消，自手斟酌，令得飽滿。食訖收器，行澡水已，取一小床別坐聽法。尊者阿難為彼說法，勸發渴仰成就歡喜。無量方便為彼說法，勸發渴仰成就歡喜已，從坐起去。

尊者阿難所說如是，郁伽長者聞尊者阿難所說，歡喜奉行。

郁伽長者經第八竟一千七百四十八字

（四〇）中阿含未曾有法品手長者經第九初一日誦

我聞如是：一時，佛遊阿邏鞞伽邏，在惒林中。

爾時手長者與五百大長者俱，往詣佛所，稽首禮足，卻坐一面。五百長者亦禮佛足，卻坐一面。

世尊告曰：「手長者！汝今有此極大衆。長者！汝以何法攝此大衆？」

彼時手長者白曰：「世尊！謂有四事攝，如世尊說，一者、惠施，二者、愛言，三者、以利，四者、等利。世尊！我以此攝於大眾，或以惠施，或以愛言，或以利，或以等利。」

世尊歎曰：「善哉！善哉！手長者！汝能以如法攝於大眾，又以如門攝於大眾，以如因緣攝於大眾。手長者！若過去有沙門、梵志，以如法攝大眾者，彼一切即此四事攝於中或有餘。手長者！若有未來沙門、梵志，以如法攝大眾者，彼一切即此四事攝於中或有餘。手長者！若有現在沙門、梵志，以如法攝大眾者，彼一切即此四事攝於中或有餘。」

於是世尊為手長者說法，勸發渴仰成就歡喜。無量方便為彼說法，勸發渴仰成就歡喜已，默然而住。於是手長者佛為說法，勸發渴仰成就歡喜已，即從坐起為佛作禮，繞三匝而去，還歸其家。到外門已，若有人者盡為說法，勸發渴仰成就歡喜。中門、內門及入在內，若有人者盡為說法，勸發渴仰成就歡喜已，昇堂敷床結跏趺坐，心與慈俱，遍滿一方成就遊。如是二三四方、四維上下，普周一切心與慈俱，無結無怨，無恚無諍，極廣甚大，無量善修，遍滿一切世間成就遊。如是悲、喜，心與捨俱，無結無怨，無恚無諍，極廣甚大，無量善修，遍滿一切世間成就遊。

爾時三十三天集在法堂，咨嗟稱歎手長者：「諸賢！手長者有大善利，有大功德。所以者何？彼手長者佛為說法，勸發渴仰成就歡喜已，即從坐起為佛作禮，繞三匝而去，還歸其家。到外門已，若有人者盡為說法，勸發渴仰成就歡喜。中門、內門及入在內，若有人者盡為說法，勸發渴仰成就歡喜已，昇堂敷床，結*跏趺坐，心與慈俱，遍滿一方成就遊。如是二三四方、四維上下，普周一切心與慈俱，無結無怨，無恚無諍，極廣甚大，無量善修，遍滿一切世間成就遊。如是悲、喜，心與捨俱，無結無怨，無恚無諍，極廣甚大，無量善修，遍滿一切世間成就遊。」

於是毘沙門大天王色像巍巍，光耀暐曄，夜將向旦，往詣手長者家，告曰：「長者！汝有善利，有大功德。所以者何？今三十三天為長者集在法堂，咨嗟稱歎：『手長者有大善利，有大功德，所以者何？諸賢！彼手長者佛為說法，勸發渴仰成就歡喜已，即從坐起為佛作禮，繞三匝而去，還歸其家。到外門已，若有人者盡為說法，勸發渴仰成就歡喜。中門、內門及入在內，若有人者盡為說法，勸發渴仰成就歡喜已，昇堂敷床結*跏趺坐，心與慈俱，遍滿一方成就遊。如是二三四方、四維上下，普周一切心與慈俱，無結無怨，無恚無諍，極廣甚大，無量善修，遍滿一切世間成就遊。如是悲、喜，心與捨俱，無結無怨，無恚無諍，極廣甚大，無量善修，遍滿一切世間成就遊。』」

是時手長者默然不語，不觀、不視毘沙門大天王。所以者何？以尊重定，守護定故。

爾時世尊於無量百千眾中，咨嗟稱歎手長者：「手長者有七未曾有法。彼手長者我為說法，勸發渴仰成就歡喜已，即從坐起為我作禮，繞三匝而去，還歸其家。到外門已，若有人者盡為說法，勸發渴仰成就歡喜。中門、內門及入在內，若有人者盡為說法，勸發渴仰成就歡喜已，昇堂敷床結*跏趺坐，心與慈俱，遍滿一方成就遊。如是二三四方、四維上下，普周一切心與慈俱，無結無怨，無恚無諍，極廣甚大，無量善修，遍滿一切世間成就遊。如是悲、喜，心與捨俱，無結無怨，無恚無諍，極廣甚大，無量善修，遍滿一切世間成就遊。

「今三十三天為彼集在法堂，咨嗟稱歎：『手長者有大善利，有大功德。所以者何？諸賢！彼手長者佛為說法，勸發渴仰成就歡喜已，即從坐起為佛作禮，繞三匝而去，還歸其家。到外門已，若有人者盡為說法，勸發渴仰成就歡喜。中門、內門及入在內，若有人者盡為說法，勸發渴仰成就歡喜已，昇堂敷床結*跏趺坐，心與慈俱，遍滿一方成就遊。如是二三四方、四維上下，普周一切心與慈俱，無結無怨，無恚無諍，極廣甚大，無量善修，遍滿一切世間成就遊。如是悲、喜，心與捨俱，無結無怨，無恚無諍，極廣甚大，無量善修，遍滿一切世間成就遊。』

「今毘沙門大天王色像巍巍，光曜暐曄，夜將向旦，詣手長者家，告曰：『長者！汝有善利，有大功德。所以者何？今三十三天為長者集在法堂，咨嗟稱歎：「手長者！有大善利，有大功德。所以者何？諸賢！彼手長者佛為說法，勸發渴仰成就歡喜已，即從坐起為佛作禮，繞三匝而去，還歸其家。到外門已，若有人者盡為說法，勸發渴仰成就歡喜。中門、內門及入在內，若有人者盡為說法，勸發渴仰成就歡喜已，昇堂敷床結*跏趺坐，心與慈俱，遍滿一方成就遊。如是二三四方、四維上下，普周一切心與慈俱，無結無怨，無恚無諍，極廣甚大，無量善修，滿一切世間成就遊。如是悲、喜，心與捨俱，無結無怨，無恚無諍，極廣甚大，無量善修，遍滿一切世間成就遊。』」

於是有一比丘過夜平旦，著衣持鉢，往詣手長者家。手長者遙見比丘來，即從坐起，叉手向比丘白曰：「尊者善來！尊者久不來此，願坐此床。」

彼時比丘即坐其床，手長者禮比丘足，却坐一面。比丘告曰：「長者！汝有善利，有大功德。所以者何？世尊為汝於無量百千眾中，咨嗟稱歎手長者：『手長者有七未曾有法。手長者我為說法，勸發渴仰成就歡喜已，即從坐起為我作禮，繞三匝而去，還歸其家。到外門已，若有人者盡為說法，勸發渴仰成就歡喜。中門、內門及入在內，若有人者盡為說法，勸發渴仰成就歡喜已，昇堂敷床結*跏趺坐，心與慈俱，遍滿一方成就遊。如是二三四方、四維上下，普周一切心與慈俱，無結無怨，無恚無諍，極廣甚大，無量善修，遍滿一切世間成就遊。如是悲、喜，心與捨俱，無結無怨，無恚無諍，極廣甚大，無量善修，遍滿一切世間成就遊。

「『今三十三天為彼集在法堂，咨嗟稱歎：「手長者有大善利，有大功德。所以者何？諸賢！彼手長者佛為說法，勸發渴仰成就歡喜已，即從坐起為佛作禮，繞三匝而去，還歸其家。到外門已，若有人者盡為說法，勸發渴仰成就歡喜。中門、內門及入在內，若有人者盡為說法，勸發渴仰成就歡喜已，昇堂敷床結*跏趺坐，心與慈俱，遍滿一方成就遊。如是二三四方、四維上下，普周一切心與慈俱，無結無怨，無恚無諍，極廣甚大，無量善修，遍滿一切世間成就遊。如是悲、喜，心與捨俱，無結無怨，無恚無諍，極廣甚大，無量善修，遍滿一切世間成就遊。」

「『於是毘沙門大天王色像巍巍，光耀暐曄，夜將向旦，詣手長者家，告曰：「長者！汝有善利，有大功德。所以者何？今三十三天為手長者集在法堂，咨嗟稱歎：手長者有大善利，有大功德。所以者何？諸賢！彼手長者佛為說法，勸發渴仰成就歡喜已，即從坐起為佛作禮，繞三匝而去，還歸其家。到外門已，若有人者盡為說法，勸發渴仰成就歡喜。中門、內門及入在內，若有人者盡為說法，勸發渴仰成就歡喜已，昇堂敷床結*跏趺坐，心與慈俱，遍滿一方成就遊。如是二三四方、四維上下，普周一切心與慈俱，無結無怨，無恚無諍，極廣甚大，無量善修，遍滿一切世間成就遊。如是悲、喜，心與捨俱，無結無怨，無恚無諍，極廣甚大，無量善修，遍滿一切世間成就遊。』」

「是時手長者默然不語，亦不觀視毘沙門大天王。所以者何？以尊重定，守護定故。」

於是手長者白比丘曰：「尊者！是時無白衣耶？」

比丘答曰：「無白衣也。」

又問曰：「若有白衣者，當有何咎？」

長者答曰：「尊者！或有不信世尊語者，彼當長夜不義不忍，生極惡處，受苦無量。若有信佛語者，彼因此事故，便能尊重恭敬禮事我。尊者！我亦不欲令爾也。尊者！願在此食。」

彼比丘為手長者故，默然受請。手長者知彼比丘默然受已，即從坐起，自行澡水，以極淨美種種豐饒食噉含消，自手斟酌，令得飽滿。食訖收器，行澡水已，取一小床別坐聽法。彼比丘為手長者說法，勸發渴仰成就歡喜。無量方便為彼說法，勸發渴仰成就歡喜已，從坐起去往詣佛所，稽首禮足卻坐一面，謂與手長者本所共論盡向佛說。

於是世尊告諸比丘：「我以是故，稱說手長者有七未曾有法。復次，汝等當知手長者復有第八未曾有法，手長者無求無欲。」

佛說如是，彼諸比丘聞佛所說，歡喜奉行。

手長者經第九竟二千六百五十八字

（四一）中阿含未曾有法品手長者經第十初一日誦

我聞如是：一時，佛遊阿邏鞞伽邏，在惒林中。

爾時世尊告諸比丘：「手長者有八未曾有法。云何為八？手長者有少欲、有信、有慚、有愧、有精進、有念、有定、有慧。手長者有少欲者，此何因說？手長者自少欲，不欲令他知我少欲；有信、有慚、有愧、有精進、有念、有定、有慧，手長者自有慧，不欲令他知我有慧。手長者有少欲者，因此故說。

「手長者有信者，此何因說？手長者得信堅固，深著如來，信根已立，終不隨外沙門、梵志，若天、魔、梵及餘世間。手長者有信者，因此故說。

「手長者有慚者，此何因說？手長者常行慚耻，可慚知慚，惡不善法穢汚煩惱，受諸惡報造生死本。手長者有慚者，因此故說。

「手長者有愧者，此何因說？手長者常行*羞愧，可☆愧知愧，惡不善法穢汚煩惱，受諸惡報造生死本。手長者有愧者，因此故說。

「手長者有精進者，此何因說？手長者常行精進，除惡不善修諸善法，恒自起意專一堅固，為諸善本不捨方便。手長者有精進者，因此故說。

「手長者有念者，此何因說？手長者觀內身如身，觀內覺、心、法如法。手長者有念者，因此故說。

「手長者有定者，此何因說？手長者離欲、離惡不善之法，至得第四禪成就遊。手長者有定者，因此故說。

「手長者有慧者，此何因說？手長者修行智慧，觀興衰法，得如此智，聖慧明達，分別曉了，以正盡苦。手長者有慧者，因此故說。手長者有八未曾有法者，因此故說。」

佛說如是，彼諸比丘聞佛所說，歡喜奉行。

手長者經第十竟四百七十三字

中阿含經卷第九一萬二千八十八字

中阿含未曾有法品第四竟一萬九百四十六字　初一日誦

中阿含經卷第十

東晉罽賓三藏瞿曇僧伽提婆譯

習相應品第五（有十六經） 初一日誦

何義、不思、念、慚二，戒、敬各二及本際，二食、盡智、說涅槃，彌醯、即為比丘說。

（四二）中阿含習相應品何義經第一

我聞如是：一時，佛遊舍衛國，在勝林給孤獨園。

爾時尊者阿難則於晡時從燕坐起，往詣佛所，稽首禮足，却住一面，白曰：「世尊！持戒為何義？」

世尊答曰：「阿難！持戒者，令不悔義。阿難！若有持戒者，便得不悔。」

復問：「世尊！不悔為何義？」

世尊答曰：「阿難！不悔者，令歡悅義。阿難！若有不悔者，便得歡悅。」

復問：「世尊！歡悅為何義？」

世尊答曰：「阿難！歡悅者，令喜義。阿難！若有歡悅者，便得喜。」

復問：「世尊！喜為何義？」

世尊答曰：「阿難！喜者，令止義。阿難！若有喜者，便得止身。」

復問：「世尊！止為何義？」

世尊答曰：「阿難！止者，令樂義。阿難！若有止者，便得覺樂。」

復問：「世尊！樂為何義？」

世尊答曰：「阿難！樂者，令定義。阿難！若有樂者，便得定心。」

復問：「世尊！定為何義？」

世尊答曰：「阿難！定者，令見如實知如真義。阿難！若有定者，便得見如實知如真。」

復問：「世尊！見如實知如真為何義？」

世尊答曰：「阿難！見如實知如真者，令厭義。阿難！若有見如實知如真者，便得厭。」

復問：「世尊！厭為何義？」

世尊答曰：「阿難！厭者，令無欲義。阿難！若有厭者，便得無欲。」

復問：「世尊！無欲為何義？」

世尊答曰：「阿難！無欲者，令解脫義。阿難！若有無欲者，便得解脫一切婬、怒、癡。是為，阿難！因持戒便得不悔，因不悔便得歡悅，因歡悅便得喜，因喜便得止，因止便得樂，因樂便得定。阿難！多聞聖弟子因定便得見如實知如真，因見如實知如真，便得厭，因厭便得無欲，因無欲便得解脫，因解脫便知解脫：生已盡，梵行已立，所作已辦，不更受有，知如真。阿難！是為法法相益，法法相因，如是此戒趣至第一，謂度此岸得至彼岸。」

佛說如是，尊者阿難及諸比丘聞佛所說，歡喜奉行。

何義經第一竟五百二十九字

(四三)中阿含習相應品不思經第二初一日誦

我聞如是：一時，佛遊舍衛國，在勝林給孤獨園。

爾時世尊告曰：「阿難！持戒者不應思：令我不悔。阿難！但法自然，持戒者便得不悔。阿難！有不悔者不應思：令我歡悅。阿難！但法自然，有不悔者便得歡悅。阿難！有歡悅者不應思：令我喜。阿難！但法自然，有歡悅者便得喜。阿難！有喜者不應思：令我止。阿難！但法自然，有喜者便得止身。阿難！有止者不應思：令我樂。阿難！但法自然，有止者便得覺樂。阿難！有樂者不應思：令我定。阿難！但法自然，有樂者便得定心。阿難！有定者不應思：令我見如實知如真。阿難！但法自然，有定者便得見如實知如真。阿難！有見如實知如真者，不應思：令我厭。阿難！但法自然，有見如實知如真者便得厭。阿難！有厭者不應思：令我無欲。阿難！但法自然，有厭者便得無欲。阿難！有無欲者不應思：令我解脫。阿難！但法自然，有無欲者便得解脫一切婬、恚、癡。

「阿難！是為因持戒便得不悔，因不悔便得歡悅，因歡悅便得喜，因喜便得止，因止便得樂，因樂便得定心。阿難！多聞聖弟子有定心者，便見如實知如真，因見如實知如真便得厭，因厭便得無欲，因無欲便得解脫，因解脫便知解脫：生已盡，梵行已立，所作已辦，不更受有，知如真。阿難！是為法法相益，法法相因，如是此戒趣至第一，調度此岸得至彼岸。」

佛說如是，尊者阿難及諸比丘聞佛所說，歡喜奉行。

不思經第二竟四百五十字

(四四)中阿含習相應品念經第三初一日誦

我聞如是：一時，佛遊舍衛國，在勝林給孤獨園。

爾時世尊告諸比丘：「若比丘多忘無正智，便害正念正智。若無正念正智，便害護諸根、護戒、不悔、歡悅、喜、止、樂、定、見如實知如真、厭、無欲、解脫。若無解脫，便害涅槃。

「若比丘不多忘有正智，便習正念正智。若有正念正智，便習護諸根、護戒、不悔、歡悅、喜、止、樂、定、見如實知如真、厭、無欲、解脫。若有解脫，便習涅槃。」

佛說如是，彼諸比丘聞佛所說，歡喜奉行。

念經第三竟一百五十一字

（四五）中阿含習相應品慚愧經第四初一日誦

我聞如是：一時，佛遊舍衛國，在勝林給孤獨園。

爾時世尊告諸比丘：「若比丘無慚無愧，便害愛恭敬。若無愛恭敬，便害其信。若無其信，便害正思惟。若無正思惟，便害正念正智。若無正念正智，便害護諸根、護戒、不悔、歡悅、喜、止、樂、定、見如實知如真、厭、無欲、解脫。若無解脫，便害涅槃。

「若比丘有慚有愧，便習愛恭敬。若有愛恭敬，便習其信。若有其信，便習正思惟。若有正思惟，便習正念正智。若有正念正智，便習護諸根、護戒、不悔、歡悅、喜、止、樂、定、見如實知如真、厭、無欲、解脫。若有解脫，便習涅槃。」

佛說如是，彼諸比丘聞佛所說，歡喜奉行。

慚愧經第四竟二百四字

(四六)中阿含習相應品慚愧經第五初一日誦

我聞如是：一時，佛遊舍衛國，在勝林給孤獨園。

爾時尊者舍梨子告諸比丘：「諸賢！若比丘無慚無愧，便害愛恭敬。若無愛恭敬，便害其信。若無其信，便害正思惟。若無正思惟，便害正念正智。若無正念正智，便害護諸根、護戒、不悔、歡悅、喜、止、樂、定、見如實知如真、厭、無欲、解脫。若無解脫，便害涅槃。諸賢！猶如有樹，若害外皮，則內皮不成。內皮不成，則莖、幹、心、節、枝、葉、華、實皆不得成。諸賢！當知比丘亦復如是，若無慚無愧，便害愛恭敬。若無愛恭敬，便害其信。若無其信，便害正思惟。若無正思惟，便害正念正智。若無正念正智，便害護諸根、護戒、不悔、歡悅、喜、止、樂、定、見如實知如真、厭、無欲、解脫。若無解脫，便害涅槃。

「諸賢！⊙若比丘有慚有愧，便習愛恭敬。若有愛恭敬，便習其信。若有其信，便習正思惟。若有正思惟，便習正念正智。若有正念正智，便習護諸根、護戒、不悔、歡悅、喜、止、樂、定、見如實知如真、厭、無欲、解脫。若有解脫，便習涅槃。諸賢！猶如有樹，不害外皮，則內皮得成。內皮得成，則莖、幹、心、節、枝、葉、華、實皆得成就。諸賢！當知比丘亦復如是，若有慚有愧，便習愛恭敬。若有愛恭敬，便習其信。若有其信，便習正思惟。若有正思惟，便習正念正智。若有正念正智，便習護諸根、護戒、不悔、歡悅、喜、止、樂、定、見如實知如真、厭、無欲、解脫。若有解脫、便習涅槃。」

尊者舍梨子所說如是，彼諸比丘聞尊者舍梨子所說，歡喜奉行。

慚愧經第五竟四百六十二字

(四七)中阿含習相應品戒經第六初一日誦

我聞如是：一時，佛遊舍衞國，在勝林給孤獨園。

爾時世尊告諸比丘：「若比丘犯戒，便害不悔、歡悅、喜、止、樂、定、見如實知如真、厭、無欲、解脫；若無解脫，便害涅槃。若比丘持戒，便習不悔、歡悅、喜、止、樂、定、見如實知如真、厭、無欲、解脫；若有解脫，便習涅槃。」

佛說如是，彼諸比丘聞佛所說，歡喜奉行。

戒經第六竟（一百一十字）

(四八)中阿含習相應品戒經第七（初一日誦）

我聞如是：一時，佛遊舍衞國，在勝林給孤獨園。

爾時尊者舍梨子告諸比丘：「諸賢！若比丘犯戒，便害不悔、歡悅、喜、止、樂、定、見如實知如真、厭、無欲、解脫；若無解脫，便害涅槃。諸賢！猶如有樹，若害根者，則莖、幹、心、節、枝、葉、華、實皆不得成。諸賢！當知比丘亦復如是，若有犯戒，便害不悔、歡悅、喜、止、樂、定、見如實知如真、厭、無欲、解脫；若無解脫，便害涅槃。

「諸賢！若比丘持戒，便習不悔、歡悅、喜、止、樂、定、見如實知如真、厭、無欲、解脫；若有解脫，便習涅槃。諸賢！猶如有樹，若不害根者，則莖，幹、心、節、枝、葉、華、實皆得成就。諸賢！當知比丘亦復如是，若有持戒，便習不悔、歡悅、喜、止、樂、定、見如實知如真、厭、無欲、解脫；若有解脫，*便習涅槃。」

尊者舍梨子所說如是，彼諸比丘聞尊者舍梨子所說，歡喜奉行。

戒經第七竟三百九字

(四九)中阿含習相應品恭敬經第八初一日誦

我聞如是：一時，佛遊舍衛國，在勝林給孤獨園。

爾時世尊告諸比丘：「比丘當行恭敬，及善觀、敬重諸梵行人。若比丘不行恭敬，不善觀、不敬重諸梵行已，具威儀法者，必無是處。不具威儀法已，具學法者，必無是處。不具學法已，具戒身者，必無是處。不具戒身已，具定身者，必無是處。不具定身已，具慧身者，必無是處。不具慧身已，具解脫身者，必無是處。不具解脫身已，具解脫知見身者，必無是處。不具解脫知見身已，具涅槃者，必無是處。

「若比丘行恭敬，及善觀、敬重諸梵行已，具威儀法者，必有是處。具威儀法已，具學法者，必有是處。具學法已，具戒身者，必有是處。具戒身已，具定身者，必有是處。具定身已，具慧身者，必有是處。具慧身已，具解脫身者，必有是處。具解脫身已，具解脫知見身者，必有是處。具解脫知見身已，具涅槃者，必有是處。」

佛說如是，彼諸比丘聞佛所說，歡喜奉行。

恭敬經第八竟三百字

（五〇）中阿含習相應品恭敬經第九 初一日誦

我聞如是：一時，佛遊舍衛國，在勝林給孤獨園。

爾時世尊告諸比丘：「比丘當行恭敬，及善觀、敬重諸梵行人。若比丘不行恭敬，不善觀、不敬重諸梵行已，具威儀法者，必無是處。不具威儀法已，具學法者，必無是處。不具學法已，護諸根、護戒、不悔、歡悅、喜、止、樂、定、見如實知如真、厭、無欲、解脫；不具解脫已，具涅槃者，必無是處。

「若比丘行恭敬，及善觀、敬重諸梵行已，具威儀法者，必有是處。具威儀法已，具學法者，必有是處。具學法已，具護諸根、護戒、不悔、歡悅、喜、止、樂、定、見如實知如真、厭、無欲、解脫；具解脫已，具涅槃者，必有是處。」

佛說如是，彼諸比丘聞佛所說，歡喜奉行。

恭敬經第九竟二百一十七字

(五一)中阿含習相應品本際經第十初一日誦

我聞如是：一時，佛遊舍衛國，在勝林給孤獨園。

爾時世尊告諸比丘：「有愛者，其本際不可知。本無有愛，然今生有愛，便可得知，所因有愛。有愛者，則有習，非無習。何謂有愛習？答曰：無明為習。無明亦有習，非無習。何謂無明習？答曰：五蓋為習。五蓋亦有習，非無習。何謂五蓋習？答曰：三惡行為習。三惡行亦有習，非無習。何謂三惡行習？答曰：不護諸根為習。不護諸根亦有習，非無習。何謂不護諸根習？答曰：不正念、不正智為習。不正念、不正智亦有習，非無習。何謂不正念、不正智習？答曰：不正思惟為習。不正思惟亦有習，非無習。何謂不正思惟習？答曰：不信為習。不信亦有習，非無習。何謂不信習？答曰：聞惡法為習。聞惡法亦有習，非無習。何謂聞惡法習？答曰：親近惡知識為習。親近惡知識亦有習，非無習。何謂親近惡知識習？答曰：惡人為習。

「是為具惡人已，便具親近惡知識。具親近惡知識已，便具聞惡法。具聞惡法已，便具生不信。具生不信已，便具不正思惟。具不正思惟已，便具不正念、不正智。具不正念、不正智已，便具不護諸根。具不護諸根已，便具三惡行。具三惡行已，便具五蓋。具五蓋已，便具無明。具無明已，便具有愛。如是此有愛展轉具成。

「明解脫亦有習，非無習。何謂明解脫習？答曰：七覺支為習。七覺支亦有習，非無習。何謂七覺支習？答曰：四念處為習。四念處亦有習，非無習。何謂四念處習？答曰：三妙行為習。三妙行亦有習，非無習。何謂三妙行習？答曰：護諸根為習。護諸根亦有習，非無習。何謂護諸根習？答曰：正念、正智為習。正念、正智亦有習，非無習。何謂正念、正智習？答曰：正思惟為習。正思惟亦有習，非無習。何謂正思惟習？答曰：信為習。信亦有習，非無習。何謂信習？

答曰：聞善法為習。聞善法亦有習，非無習。何謂聞善法習？答曰：親近善知識為習。親近善知識亦有習，非無習。何謂親近善知識習？答曰：善人為習。

「是為具善人已，便具親近善知識。具親近善知識已，便具聞善法。具聞善法已，便具生信。具生信已，便具正思惟。具正思惟已，便具正念、正智。具正念、正智已，便具護諸根。具護諸根已，便具三妙行。具三妙行已，便具四念處。具四念處已，便具七覺支。具七覺支已，便具明解脫。如是此明解脫展轉具成。」

佛說如是，彼諸比丘聞佛所說，歡喜奉行。

本際經第十竟七百五十四字

（五二）中阿含習相應品食經第十一 初一日誦

我聞如是：一時，佛遊舍衞國，在勝林給孤獨園。

爾時世尊告諸比丘：「有愛者，其本際不可知。本無有愛，然今生有愛，便可得知，所因有愛。有愛者，則有食，非無食。何謂有愛食？答曰：無明為食。無明亦有食，非無食。何謂無明食？答曰：五蓋為食。五蓋亦有食，非無食。何謂五蓋食？答曰：三惡行為食。三惡行亦有食，非無食。何謂三惡行食？答曰：不護諸根為食。不護諸根亦有食，非無食。何謂不護諸根食？答曰：不正念、不正智為食。不正念、不正智亦有食，非無食。何謂不正念、不正智食？答曰：不正思惟為食。不正思惟亦有食，非無食。何謂不正思惟食？答曰：不信為食。不信亦有食，非無食。何謂不信食？答曰：聞惡法為食。聞惡法亦有食，非無食。何謂聞惡法食？答曰：親近惡知識為食。親近惡知識亦有食，非無食。何謂親近惡知識食？答曰：惡人為食。

「是為具惡人已，便具親近惡知識。具親近惡知識已，便具聞惡法。具聞惡法已，便具生不信。具生不信已，便具不正思惟。具不正思惟已，便具不正念、不正智。具不正念、不正智已，便具不護諸根。具不護諸根已，便具三惡行。具三惡行已，便具五蓋。具五蓋已，便具無明。具無明已，便具有愛。如是此有愛展轉具成。

「大海亦有食，非無食。如何謂大海食？答曰：大河為食。大河亦有食，非無食。何謂大河食？答曰：小河為食。小河亦有食，非無食。何謂小河食？答曰：大川為食。大川亦有食，非無食。何謂大川食？答曰：小川為食。小川亦有食，非無食。何謂小川食？答曰：山巖溪澗、平澤為食。山巖溪澗、平澤亦有食，非無食。何謂山巖溪澗、平澤食？答曰：雨為食。

「有時大雨，大雨已，則山巖溪澗、平澤水滿。山巖溪澗、平澤水滿已，則小川滿。小川滿已，則大川滿。大川滿已，則小河滿。小河滿已，則大河滿。大河滿已，則大海滿。如是彼大海展轉成滿。

「如是有愛亦有食，非無食。何謂有愛食？答曰：無明為食。無明亦有食，非無食。何謂無明食？答曰：五蓋為食。五蓋亦有食，非無食。何謂五蓋食？答曰：三惡行為食。三惡行亦有食，非無食。何謂三惡行食？答曰：不護諸根為食。不護諸根亦有食，非無食。何謂不護諸根食？答曰：不正念、不正智為食。不正念、不正智亦有食，非無食。何謂不正念、不正智食？答曰：不正思惟為食。不正思惟亦有食，非無食。何謂不正思惟食？答曰：不信為食。不信亦有食，非無食。何謂不信食？答曰：聞惡法為食。聞惡法亦有食，非無食。何謂聞惡法食？答曰：親近惡知識為食。親近惡知識亦有食，非無食。何謂親近惡知識食？答曰：惡人為食。

「是為具惡人已，便具親近惡知識。具親近惡知識已，便具聞惡法。具聞惡法已，便具生不信。具生不信已，便具不正思惟。具不正思惟已，便具不正念、不正智。具不正念、不正智已，便具不護諸根。具不護諸根已，便具三惡行。具三惡行已，便具五蓋。具五蓋已，便具無明。具無明已，便具有愛。如是此有愛展轉具成。

「明解脫亦有食，非無食。何謂明解脫食？答曰：七覺支為食。七覺支亦有食，非無食。何謂七覺支食？答曰：四念處為食。四念處亦有食，非無食。何謂四念處食？答曰：三妙行為食。三妙行亦有食，非無食。何謂三妙行食？答曰：護諸根為食。護諸根亦有食，非無食。何謂護諸根食？答曰：正念、正智為食。正念、正智亦有食，非無食。何謂正念、正智食？答曰：正思惟為食。正思惟亦有食，非無食。何謂正思惟食？答曰：信為食。信亦有食，非無食。何謂信食？

答曰：聞善法為食。聞善法亦有食，非無食。何謂聞善法食？答曰：親近善知識為食。親近善知識亦有食，非無食。何謂親近善知識食？答曰：善人為食。

「是為具善人已，便具親近善知識。具親近善知識已，便具聞善法。具聞善法已，便具生信。具生信已，便具正思惟。具正思惟已，便具正念、正智。具正念、正智已，便具護諸根。具護諸根已，便具三妙行。具三妙行已，便具四念處。具四念處已，便具七覺支。具七覺支已，便具明解脫。如是此明解脫展轉具成。

「大海亦有食，非無食。何謂大海食？答曰：大河為食。大河亦有食，非無食。何謂大河食？答曰：小河為食。小河亦有食，非無食。何謂小河食？答曰：大川為食。大川亦有食，非無食。何謂大川食？答曰：小川為食。小川亦有食，非無食。何謂小川食？答曰：山巖溪澗、平澤為食。山巖溪澗、平澤亦有食，非無食。何謂山巖溪澗、平澤食？答曰：雨為食。

「有時大雨，大雨已，則山巖溪澗、平澤水滿。山巖溪澗、平澤水滿已，則小川滿。小川滿已，則大川滿。大川滿已，則小河滿。小河滿已，則大河滿。大河滿已，則大海滿。如是彼大海展轉成滿。

「如是明解脫亦有食，非無食。何謂明解脫食？答曰：七覺支為食。七覺支亦有食，非無食。何謂七覺支食？答曰：四念處為食。四念處亦有食，非無食。何謂四念處食？答曰：三妙行為食。三妙行亦有食，非無食。何謂三妙行食？答曰：護諸根為食。護諸根亦有食，非無食。何謂護諸根食？答曰：正念、正智為食。正念、正智亦有食，非無食。何謂正念、正智食？答曰：正思惟為食。正思惟亦有食，非無食。何謂正思惟食？答曰：信為食。信亦有食，非無食。何謂信食？答曰：聞善法為食。聞善法亦有食，非無食。何謂聞善法食？答曰：親近善知識為食。親近善知識亦有食，非無食。何謂親近善知識食？答曰：善人為食。

「是為具善人已，便具親近善知識。具親近善知識已，便具聞善法。具聞善法已，便具生信。具生信已，便具正思惟。具正思惟已，便具正念、正智。具正念、正智已，便具護諸根。具護諸根已，便具三妙行。具三妙行已，便具四念處。具四念處已，便具七覺支。具七覺支已，便具明解脫。如是此明解脫展轉具成。」

佛說如是，彼諸比丘聞佛所說，歡喜奉行。

食經第十一竟一千八百三十三字

(五三)中阿含習相應品食經第十二初一日誦

我聞如是：一時，佛遊舍衛國，在勝林給孤獨園。

爾時世尊告諸比丘：「有愛者，其本際不可知。本無有愛，然今生有愛，便可得知，所因有愛。有愛者，則有食，非無食。何謂有愛食？答曰：無明為食。無明亦有食，非無食。何謂無明食？答曰：五蓋為食。五蓋亦有食，非無食。何謂五蓋食？答曰：三惡行為食。三惡行亦有食，非無食。何謂三惡行食？答曰：不護諸根為食。不護諸根亦有食，非無食。何謂不護諸根食？答曰：不正念、不正智為食。不正念、不正智亦有食，非無食。何謂不正念、不正智食？答曰：不正思惟為食。不正思惟亦有食，非無食？何謂不正思惟食？答曰：不信為食。不信亦有食，非無食。何謂不信食？答曰：聞惡法為食。聞惡法亦有食，非無食。何謂聞惡法食？答曰：親近惡知識為食。親近惡知識亦有食，非無食。何謂親近惡知識食？答曰：惡人為食。

「大海亦有食，非無食。何謂大海食？答曰：雨為食。有時大雨，大雨已，則山巖溪澗、平澤水滿。山巖溪澗、平澤水滿已，則小川滿。小川滿已，則大川滿。大川滿已，則小河滿。小河滿已，則大河滿。大河滿已，則大海滿。如是彼大海展轉成滿。

「如是具惡人已，便具親近惡知識。具親近惡知識已，便具聞惡法。具聞惡法已，便具生不信。具生不信已，便具不正思惟。具不正思惟已，便具不正念、不正智。具不正念、不正智已，便具不護諸根。具不護諸根已，便具三惡行。具三惡行已，便具五蓋。具五蓋已，便具無明。具無明已，便具有愛。如是此有愛展轉具成。

「明解脫亦有食，非無食。何謂明解脫食？答曰：七覺支為食。七覺支亦有食，非無食。何謂七覺支食？答曰：四念處為食。四念處亦有食，非無食。何謂四念處食？答曰：三妙行為食。三妙行亦有食，非無食。何謂三妙行食？答曰：護諸根為食。護諸根亦有食，非無食。何謂護諸根食？答曰：正念、正智為食。正念、正智亦有食，非無食。何謂正念、正智食？答曰：正思惟為食。正思惟亦有食，非無食。何謂正思惟食？答曰：信為食。信亦有食，非無食。何謂信食？答曰：聞善法為食。聞善法亦有食，非無食。何謂聞善法食？答曰：親近善知識為食。親近善知識亦有食，非無食。何謂親近善知識食？答曰：善人為食。

「大海亦有食，非無食。何謂大海食？答曰：雨為食。有時大雨，大雨已，則山巖溪澗、平澤水滿。山巖溪澗、平澤水滿已，則小川滿。小川滿已，則大川滿。大川滿已，則小河滿。小河滿已，則大河滿。大河滿已，則大海滿。如是彼大海展轉成滿。

「如是善人具已，便具親近善知識。具親近善知識已，便具聞善法。具聞善法已，便具生信。具生信已，便具正思惟。具正思惟已，便具正念、正智。具正念，正智已，便具護諸根。具護諸根已，便具三妙行。具三妙行已，便具四念處。具四念處已，便具七覺支。具七覺支已，便具明解脫。如是此明解脫展轉具成。」

佛說如是，彼諸比丘聞佛所說，歡喜奉行。

食經第十二竟九百三十字

(五四)中阿含習相應品盡智經第十三初一日誦

我聞如是：一時，佛遊拘樓瘦，在劍摩瑟曇拘樓都邑。

爾時世尊告諸比丘：「有知有見者，便得漏盡，非不知，非不見。云何知見便得漏盡？謂知見苦如真，便得漏盡；知見苦習、知見苦滅、知見苦滅道如真，便得漏盡。盡智有習，非無習。何謂盡智習？答曰：解脫為習。解脫亦有習，非無習。何謂解脫習？答曰：無欲為習。無欲亦有習，非無習。何謂無欲習？答曰：厭為習。厭亦有習，非無習。何謂厭習？答曰：見如實知如真為習。見如實知如真亦有習，非無習。何謂見如實知如真習？答曰：定為習。定亦有習，非無習。何謂定習？答曰：樂為習。樂亦有習，非無習。何謂樂習？答曰：止為習。止亦有習，非無習。何謂止習？答曰：喜為習。喜亦有習，非無習。何謂喜習？答曰：歡悅為習。歡悅亦有習，非無習。何謂歡悅習？答曰：不悔為習。不悔亦有習，非無習。何謂不悔習？答曰：護戒為習。護戒亦有習，非無習。何謂護戒習？答曰：護諸根為習。護諸根亦有習，非無習。何謂護諸根習？答曰：正念、正智為習。正念、正智亦有習，非無習。何謂正念、正智習？答曰：正思惟為習。正思惟亦有習，非無習。何謂正思惟習？答曰：信為習。

「信亦有習，非無習。何謂信習？答曰：觀法忍為習。觀法忍亦有習，非無習。何謂觀法忍習？答曰：翫誦法為習。翫誦法亦有習，非無習。何謂翫誦法習？答曰：受持法為習。受持法亦有習，非無習。何謂受持法習，答曰：觀法義為習。觀法義亦有習，非無習。何謂觀法義習？答曰：耳界為習。耳界亦有習，非無習。何謂耳界習？答曰：聞善法為習。聞善法亦有習，非無習。何謂聞善法習？答曰：往詣為習。往詣亦有習，非無習。何謂往詣習？答曰：奉事為習。

「若有奉事善知識者，未聞便聞，已聞便利。如是善知識若不奉事者，便害奉事習。若無奉事，便害往詣習。若無往詣，便害聞善法習。若不聞善法，便害耳界習。若無耳界，便害觀法義習。若無觀法義，便害受持法習。若無受持法，便害翫誦法習。若無翫誦法，便害觀法忍習。若無觀法忍，便害信習。若無信，便害正思惟習。若無正思惟，便害正念、正智習。若無正念、正智，便害護諸根、護戒、不悔、歡悅、喜、止、樂、定、見如實知如真、厭、無欲、解脫習。若無解脫，便害盡智習。

「若奉事善知識者，未聞便聞，已聞便利。如是善知識，若奉事者，便習奉事。若有奉事，便習往詣。若有往詣，便習聞善法。若有聞善法，便習耳界。若有耳界，便習觀法義。若有觀法義，便習受持法。若有受持法，便習翫誦法。若有翫誦法，便習觀法忍。若有觀法忍，便習信。若有信，便習正思惟。若有正思惟，便習正念、正智。若有正念、正智，便習護諸根、護戒、不悔、歡悅、喜、止、樂、定、見如實、知如真、厭、無欲、解脫。若有解脫，便習盡智。」

佛說如是，彼諸比丘聞佛所說，歡喜奉行。

盡智經第十三竟八百六十八字

（五五）中阿含習相應品涅槃經第十四初一日誦

我聞如是：一時，佛遊舍衛國，在勝林給孤獨園。

爾時世尊告諸比丘：「涅槃有習，非無習。何謂涅槃習？答曰：解脫為習。解脫亦有習，非無習。何謂解脫習？答曰：無欲為習。無欲亦有習，非無習。何謂無欲習？答曰：厭為習。厭亦有習，非無習。何謂厭習？答曰：見如實知如真為習。見如實知如真亦有習，非無習。何謂見如實知如真習？答曰：定為習。定亦有習，非無習。何謂定習？答曰：樂為習。樂亦有習，非無習。何謂樂習？答曰：止為習。止亦有習，非無習。何謂止習？答曰：喜為習。喜亦有習，非無習。何謂喜習？答曰：歡悅為習。歡悅亦有習，非無習。何謂歡悅習？答曰：不悔為習。不悔亦有習，非無習。何謂不悔習？答曰：護戒為習。護戒亦有習，非無習。何謂護戒習？答曰：護諸根為習。護諸根亦有習，非無習。何謂護諸根習？答曰：正念、正智為習。正念、正智亦有習，非無習。何謂正念、正智習？答曰：正思惟為習。正思惟亦有習，非無習。何謂正思惟習？答曰：信為習。

「信亦有習，非無習。何謂信習？答曰：苦為習。苦亦有習，非無習。何謂苦習？答曰：老死為習。老死亦有習，非無習。何謂老死習？答曰：生為習。生亦有習，非無習。何謂生習？答曰：有為習。有亦有習，非無習。何謂有習？答曰：受為習。受亦有習，非無習。

何謂受習？答曰：愛為習。愛亦有習，非無習。何謂愛習？答曰：覺為習。覺亦有習，非無習。何謂覺習？答曰：更樂為習。更樂亦有習，非無習。何謂更樂習？答曰：六處為習。六處亦有習，非無習。何謂六處習？答曰：名色為習。名色亦有習，非無習。何謂名色習？答曰：識為習。識亦有習，非無習。何謂識習？答曰：行為習。行亦有習，非無習。何謂行習？答曰：無明為習。

「是為緣無明行，緣行識，緣識名色，緣名色六處，緣六處更樂，緣更樂覺，緣覺愛，緣愛受，緣受有，緣有生，緣生老死，緣老死苦。習苦，便有信。習信，便有正思惟。習正思惟，便有正念、正智。習正念、正智，便有護諸根、護戒、不悔、歡悅、喜、止、樂、定、見如實知如真、厭、無欲、解脫。習解脫，便得涅槃。」

佛說如是，彼諸比丘聞佛所說，歡喜奉行。

涅槃經第十四經竟六百六十三字

(五六)中阿含習相應品彌醯經第十五初一日誦

我聞如是：一時，佛遊摩竭陀國，在闍鬪村莽㮏林窟。

爾時尊者彌醯為奉侍者，於是尊者彌醯過夜平旦，著衣持鉢，入闍鬪村而行乞食。乞食已竟，往至金鞞河邊，見地平正名好㮏林，金鞞河水極妙可樂，清泉徐流冷暖和適。見已歡喜，便作是念：「此地平正名好㮏林，金鞞河水極妙可樂，清泉徐流冷暖和適，若族姓子欲學斷者，當於此處。我亦有所斷，寧可在此靜處學斷耶？」

於是彌醯食訖，中後*攝衣鉢已，澡洗手足，以尼師檀著於肩上，往詣佛所，稽首禮足却住一面，白曰：「世尊！我今平旦著衣持鉢，入闍鬪村而行乞食，乞食已竟，往至金鞞河邊，見地平正名好㮈林，金鞞河水極妙可樂，清泉徐流冷暖和適。我見喜已，便作是念：此地平正名好㮈林，金鞞河水極妙可樂，清泉徐流冷暖和適，若族姓子欲學斷者，當於此處。我亦有所斷，寧可在此靜處學斷耶？世尊！我今欲往至彼㮈林靜處學斷。」

爾時世尊告曰：「彌醯！汝今知不？我獨無人，無有侍者，汝可小住，須比丘來為吾侍者，汝便可去，至彼㮈林靜處而學。」

尊者彌醯乃至再三白曰：「世尊！我今欲往至彼㮈林靜處學斷。」世尊亦復再三告曰：「彌醯！汝今知不？我獨無人，無有侍者，汝可小住，須比丘來為吾侍者，汝便可去，至彼㮈林靜處而學。」

彌醯復白曰：「世尊無為無作，亦無所觀。世尊！我有為有作而有所觀。世尊！我至彼㮈林靜處學斷。」

世尊告曰：「彌醯！汝欲求斷者，我復何言？彌醯汝去，隨意所欲。」

於是尊者彌醯聞佛所說，善受善持而善誦習，即禮佛足，繞三匝而去。

詣彼㮈林，入林中已至一樹下，敷尼師檀結*跏趺坐。尊者彌醯住棕林中，便生三惡不善之念：欲念、恚念及與害念。彼由此故便念世尊。於是彌醯則於晡時從燕坐起，往詣佛所，稽首禮足，却住一面，白曰：「世尊！我至棕林於靜處坐，便生三惡不善之念：欲念、恚念及與害念。我由此故便念世尊。」

世尊告曰：「彌醯！心解脫未熟欲令熟者，有五習法。云何為五？彌醯！比丘者，自善知識與善知識俱，善知識共和合。彌醯！心解脫未熟欲令熟者，是謂第一習法。

「復次，彌醯！比丘者，修習禁戒，守護從解脫，又復善攝威儀禮節，見纖芥罪常懷畏怖，受持學戒。彌醯！心解脫未熟欲令熟者，是謂第二習法。

「復次，彌醯！比丘者，謂所可說聖有義，令心柔軟，使心無蓋，謂說戒、說定、說慧、說解脫、說解脫知見、說漸損、說不樂聚會、說少欲、說知足、說斷、說無欲、說滅、說燕坐、說緣起，得如是比沙門所說，具得，易不難得。彌醯！心解脫未熟欲令熟者，是謂第三習法。

「復次，彌醯！比丘者，常行精進，斷惡不善，修諸善法，恒自起意專一堅固，為諸善本不捨方使。彌醯！心解脫未熟欲令熟者，是謂第四習法。

「復次，彌醯！比丘者，修行智慧，觀興衰法，得如是智，聖慧明達，分別曉了，以正盡苦。彌醯！心解脫未熟欲令熟者，是謂第五習法。

「彼有此五習法已，復修四法。云何為四？修惡露，令斷欲；修慈，令斷恚；修息出、息入，令斷亂念；修無常想，令斷我慢。

「彌醯！若比丘自善知識與善知識俱，善知識共和合，當知必修習禁戒，守護從解脫，又復善攝威儀禮節，見纖芥罪常懷畏怖，受持學戒。

「彌醯！若比丘自善知識與善知識俱，善知識共和合，當知必得所可說聖有義，令心柔軟，使心無蓋，謂說戒、說定、說慧、說解脫、說解脫知見，說漸損、說不樂聚會、說少欲、說知足、說斷、說無欲、說滅、說燕坐、說緣起，得如是比沙門所說具得，易不難得。

「彌醯！若比丘自善知識與善知識俱，善知識共和合，當知必行精進，斷惡不善，修諸善法，恒自起意專一堅固，為諸善本不捨方便。「彌醯！若比丘自善知識與善知識俱，善知識共和合，當知必行智慧，觀興衰法，得如此智，聖慧明達，分別曉了，以正盡苦。「彌醯！若比丘自善知識與善知識俱，善知識共和合，當知必修惡露，令斷欲；修慈，令斷恚；修息出、息入，令斷亂念；修無常想，令斷我慢。

「彌醯！若比丘得無常想者，必得無我想。彌醯！若比丘得無我想者，便於現法斷一切我慢，得息、滅、盡、無為、涅槃。」

佛說如是，尊者彌醯及諸比丘聞佛所說，歡喜奉行。

彌醯經第十五竟千三百二十三字

（五七）中阿含習相應品即為比丘說經第十六初一日誦

我聞如是：一時，佛遊舍衞國，在勝林給孤獨園。

爾時世尊告諸比丘：「心解脫未熟欲令熟者，有五習法。云何為五？比丘自善知識與善知識俱，善知識共和合。心解脫未熟欲令熟者，是謂第一習法。

「復次，比丘修習禁戒，守護從解脫，又復善攝威儀禮節，見纖芥罪常懷畏怖，受持學戒。心解脫未熟欲令熟者，是謂第二習法。

「復次，比丘調所可說聖有義，令心柔軟，使心無蓋，謂說戒、說定、說慧、說解脫、說解脫知見，說漸損、說不樂聚會、說少欲、說知足、說斷、說無欲、說滅、說燕坐、說緣起，得如是比沙門所說具得，易不難得。心解脫未熟欲令熟者，是謂第三習法。

「復次，比丘常行精進，斷惡不善，修諸善法，恒自起意專一堅固，為諸善本不捨方便。心解脫未熟欲令熟者，是謂第四習法。

「復次，比丘修行智慧，觀興衰法，得如此智，聖慧明達，分別曉了，以正盡苦。心解脫未熟欲令熟者，是謂第五習法。

「彼有此五習法已，復修四法。云何為四？修惡露，令斷欲；修慈，令斷恚；修息出、息入，令斷亂念；修無常想，令斷我慢。

「若比丘自善知識與善知識俱，善知識共和合，當知必修習禁戒，守護從解脫，又復善攝威儀禮節，見纖芥罪常懷畏怖，受持學戒。

「若比丘自善知識與善知識俱，善知識共和合，當知必得所可說聖有義，令心柔軟，使心無蓋，謂說戒、說定、說慧、說解脫、說解脫知見、說漸損、說不樂聚會、說少欲、說知足、說斷、說無欲、說滅、說燕坐、說緣起，得如是比沙門所說具得，易不難得。

「若比丘自善知識與善知識俱，善知識共和合，當知必行精進，斷惡不善，修諸善法，恒自起意專一堅固，為諸善本不捨方便。

「若比丘自善知識與善知識俱，善知識共和合，當知必行智慧，觀興衰法，得如此智，聖慧明達，分別曉了，以正盡苦。

「若比丘自善知識與善知識俱，善知識共和合，當知必修惡露，令斷欲；修慈，令斷恚；修息出、息入，令斷亂念；修無常想，令斷我慢。

「若比丘得無常想者，必得無我想。若比丘得無我想者，便於現法斷一切我慢，得息、滅、盡、無為、涅槃。」

佛說如是，彼諸比丘聞佛所說，歡喜奉行。

即為比丘說經第十六竟六百八十三字

中阿含經卷第十九千七百五十六字

中阿含經卷第十一

東晉罽賓三藏瞿曇僧伽提婆譯

中阿含王相應品第六 有七經王相應品本有十四經分後七經屬第二誦 初

*一日誦

七寶、相、四洲，牛糞、摩竭王，
鞞婆麗陵者，天使最在後。

(五八)中阿含王相應品七寶經第一

我聞如是：一時，佛遊舍衛國，在勝林給孤獨園。

爾時世尊告諸比丘：「若轉輪王出於世時，當知便有七寶出世。云何為七？輪寶、象寶、馬寶、珠寶、女寶、居士寶、主兵臣寶，是謂為七。若轉輪王出於世時，當知有此七寶出世；如是如來、無所著、等正覺出於世時，當知亦有七覺支寶出於世間。云何為七？念覺支寶、擇法覺支、精進覺支、喜覺支、息覺支、定覺支、捨覺支寶，是謂為七。如來、無所著、等正覺出於世時，當知有此七覺支寶出於世間。」

佛說如是，彼諸比丘聞佛所說，歡喜奉行。

七寶經第一竟一百八十二字

(五九)中阿含王相應品三十二相經第二初一日誦

我聞如是：一時，佛遊舍衛國，在勝林給孤獨園。

爾時諸比丘於中食後集坐講堂，共論此事：「諸賢！甚奇！甚特！大人成就三十二相，必有二處真諦不虛。若在家者，必為轉輪王，聰明智慧，有四種軍整御天下，由己自在，如法法王成就七寶。彼七寶者，輪寶、象寶、馬寶、珠寶、女寶、居士寶、主兵臣寶，是為七。千子具足，顏貌端正，勇猛無畏能伏他衆。彼必統領此一切地乃至大海，不以刀杖，以法教令，令得安*樂。若剃除鬚髮，著袈裟衣，至信捨家，無家學道者，必得如來、無所著、等正覺，名稱流布，周聞十方。」

爾時世尊在於燕坐，以淨天耳出過於人，聞諸比丘於中食後集坐講堂共論此事：「諸賢！甚奇！甚特！大人成就三十二相，必有二處真諦不虛。若在家者，必為轉輪王，聰明智慧，有四種軍整御天下，由己自在，如法法王成就七寶。彼七寶者，輪寶、象寶、馬寶、珠寶、女寶、居士寶、主兵臣寶，是為七。千子具足，顏貌端正，勇猛無畏能伏他衆。彼必統領此一切地乃至大海，不以刀杖，以法教令，令得安樂。若剃除鬚髮，著袈裟衣，至信捨家，無家學道者，必得如來、無所著、等正覺，名稱流布，周聞十方。」

世尊聞已，則於晡時從燕坐起，往詣講堂比丘眾前敷座而坐，問諸比丘：「汝等今日共論何事集坐講堂？」

時諸比丘白曰：「世尊！我等今日集坐講堂共論此事：『諸賢！甚奇！甚特！大人成就三十二相，必有二處真諦不虛。若在家者，必為轉輪王，聰明智慧，有四種軍整御天下，由己自在，如法法王成就七寶。彼七寶者，輪寶、象寶、馬寶、珠寶、女寶、居士寶、主兵臣寶，是為七。千子具足，顏貌端正，勇猛無畏能伏他眾。彼必統領此一切地乃至大海，不以刀杖，以法教令，令得安樂。若剃除鬚髮，著袈裟衣，至信捨家，無家學道者，必得如來、無所著、等正覺，名稱流布，周聞十方。』世尊！我等共論如此事故集坐講堂。」

於是世尊告曰：「比丘！汝等欲得從如來聞三十二相耶？謂大人所成，必有二處真諦不虛。若在家者，必為轉輪王，聰明智慧，有四種軍整御天下，由己自在，如法法王成就七寶。彼七寶者，輪寶、象寶、馬寶、珠寶、女寶、居士寶、主兵臣寶，是為七。千子具足，顏貌端正，勇猛無畏能伏他衆。彼必統領此一切地乃至大海，不以刀杖，以法教令，令得安樂。若剃除鬚髮，著袈裟衣，至信捨家，無家學道者，必得如來、無所著、等正覺，名稱流布，周聞十方。」

時諸比丘聞已，白曰：「世尊！今正是時。善逝！今正是時。若世尊為諸比丘說三十二相者，諸比丘聞已當善受持。」

世尊告曰：「諸比丘！諦聽！諦聽！善思念之，吾當為汝廣分別說。」

時諸比丘受教而聽，佛言：「大人足安平立，是謂大人大人之相。復次，大人足下生輪，輪有千輻，一切具足，是謂大人大人之相。復次，大人足指纖長，是謂大人大人之相。復次，大人足周正直，是謂大人大人之相。復次，大人足跟踝後兩邊平滿，是謂大人大人之相。復次，大人足兩踝牖，是謂大人大人之相。復次，大人身毛上向，是謂大人大人之相。復次，大人手足網縵，猶如鴈王，是謂大人大人之相。復次，大人手足極妙，柔弱軟敷，猶兜羅華，是謂大人大人之相。復次，大人肌皮軟細，塵水不著，是謂大人大人之相。

「復次，大人一一毛，一一毛者，身一孔一毛生，色若紺青，如螺右旋，是謂大人大人之相。復次，大人鹿腨腸，猶如鹿王，是謂大人大人之相。復次，大人陰馬藏，猶良馬王，是謂大人大人之相。復次，大人身形圓好，猶如尼拘類樹，上下圓相稱，是謂大人大人之相。復次，大人身不阿曲，身不曲者，平立申手以摩其膝，是謂大人大人之相。復次，大人身黃金色，如紫磨金，是謂大人大人之相。復次，大人身七處滿，七處滿者，兩手、兩足、兩肩及頸，是謂大人大人之相。復次，大人其上身大，猶如師子，是謂大人大人之相。復次，大人師子頰車，是謂大人大人之相。

「復次，大人脊背平直，是謂大人大人之相。復次，大人兩肩上連，通頸平滿，是謂大人大人之相。復次，大人四十齒牙，平齒、不踈齒、白齒，通味、第一味，是謂大人大人之相。復次，大人梵音可愛，其聲猶如加羅毘伽，是謂大人大人之相。復次，大人廣長舌，廣長舌者，舌從口出遍覆其面，是謂大人大人之相。復次，大人承淚處滿，猶如牛王，是謂大人大人之相。復次，大人眼色紺青，是謂大人大人之相。復次，大人頂有肉髻，團圓相稱，髮螺右旋，是謂大人大人之相。復次，大人眉間生毛，潔白右縈，是謂大人大人之相。

「諸比丘！大人成就此三十二相，必有二處真諦不虛。若在家者，必為轉輪王，聰明智慧，有四種軍整御天下，由己自在，如法法王成就七寶。彼七寶者，輪寶、象寶、馬寶、珠寶、女寶、居士寶、主兵臣寶，是為七。千子具足，顏貌端正，勇猛無畏能伏他衆。彼必統領此一切地乃至大海，不以刀杖，以法教令，令得安樂。若剃除髮鬚，著袈裟衣，至信捨家，無家學道者，必得如來、無所著、等正覺，名稱流布，周聞十方。」

佛說如是，彼諸比丘聞佛所說，歡喜奉行。

三十二相經第二竟 千六百八字

(六〇)中阿含王相應品四洲經第三 初一日誦

我聞如是：一時，佛遊舍衞國，在勝林給孤獨園。

爾時尊者阿難在安靜處，燕坐思惟而作是念：「世人甚少，少能於欲有滿足意，少有厭患於欲而命終者。世人於欲有滿足意，厭患於欲而命終者，為甚難得。」

尊者阿難則於晡時從燕坐起，往詣佛所，到已作禮，却住一面，白曰：「世尊！我今在安靜處，燕坐思惟而作是念：『世人甚少，少能於欲有滿足意，少有厭患於欲而命終者。世人於欲有滿足意，厭患於欲而命終者，為甚難得。』」

佛告阿難：「如是！如是！世人甚少，少能於欲有滿足意，少有厭患於欲而命終者。阿難！世人於欲有滿足意，厭患於欲而命終者，為甚難得。阿難！世人極甚難得，極甚難得於欲有滿足意，厭患於欲而命終者。阿難！但世間人甚多甚多，於欲無滿足意，不厭患欲而命終也。所以者何?阿難!往昔有王名曰頂生,作轉輪王,聰明智慧,有四種軍整御天下,由己自在,如法法王成就七寶。彼七寶者,輪寶、象寶、馬寶、珠寶、女寶、居士寶、主兵臣寶,是為七。千子具足,顏貌端正,勇猛無畏能伏他衆。彼必統領此一切地乃至大海,不以刀杖,以法教令,令得安樂。阿難!彼頂生王而於後時極大久遠,便作是念:『我有閻浮洲,極大富樂,多有人民;我有七寶,千子具足;我欲於宮雨寶七日,積至于膝。』阿難!彼頂生王有大如意足,有大威德,有大福祐,有大威神。適發心已,即於宮中雨寶七日,積至于膝。

「阿難!彼頂生王而於後時極大久遠,復作是念:『我有閻浮洲，極大富樂，多有人民；我有七寶，千子具足，及於宮中雨寶七日，積至于膝。我憶曾從古人聞之，西方有洲名瞿陀尼，極大富樂，多有人民；我今欲往見瞿陀尼洲，到已整御。』阿難！彼頂生王有大如意足，有大威德，有大福祐，有大威神。適發心已，即以如意足乘虛而去，及四種軍。阿難！彼頂生王即時往到住瞿陀尼洲。阿難！彼頂生王住已整御瞿陀尼洲，乃至無量百千萬歲。

「阿難！彼頂生王而於後時極大久遠，復作是念：『我有閻浮洲，極大富樂，多有人民；我有七寶，千子具足，及於宮中雨寶七日，積至于膝；我亦復有瞿陀尼洲。我復曾從古人聞之，東方有洲名弗婆鞞陀提，極大富樂，多有人民；我今欲往見弗婆鞞陀提洲，到已整御。』阿難！彼頂生王有大如意足，有大威德，有大福祐，有大威神。適發心已，即以如意足乘虛而去，及四種軍。阿難！彼頂生王即時往到住弗婆鞞陀提洲。阿難！彼頂生王住已整御弗婆鞞陀提洲，乃至無量百千萬歲。

「阿難！彼頂生王而於後時極大久遠，復作是念：『我有閻浮洲，極大富樂，多有人民；我有七寶，千子具足，及於宮中雨寶七日，積至于膝；我亦復有瞿陀尼洲，亦有弗婆鞞陀提洲。我復曾從古人聞之，北方有洲名鬱單曰，極大富樂，多有人民，彼雖無我想，亦無所受；我今欲往見鬱單曰洲，到已整御，及諸眷屬。』阿難！彼頂生王有大如意足，有大威德，有大福祐，有大威神。適發心已，即以如意足乘虛而去，及四種軍。

「阿難！彼頂生王遙見平地白，告諸臣曰：『卿等見欝單曰平地白耶？』諸臣對曰：『見也，天王！』王復告曰：『卿等知不？彼是欝單曰人自然粳米，欝單曰人常所食者，卿等亦應共食此食。』阿難！彼頂生王復遙見欝單曰洲中，若干種樹，淨妙嚴飾，種種綵色，在欄楯裏，告諸臣曰：『卿等見欝單曰洲中，若干種樹，淨妙嚴飾，種種綵色，在欄楯裏耶？』諸臣對曰：『見也，天王！』王復告曰：『卿等知不？是欝單曰人衣樹，欝單曰人取此衣著，卿等亦應取此衣著。』阿難！彼頂生王即時往到住欝單曰洲。阿難！彼頂生王住已整御欝單曰洲，乃至無量百千萬歲，及諸眷屬。

「阿難！彼頂生王而於後時極大久遠，復作是念：『我有閻浮洲，極大富樂，多有人民；我有七寶，千子具足，及於宮中雨寶七日，積至于膝；我亦復有瞿陀尼洲，亦有弗婆鞞陀提洲，亦有欝單曰洲。我復曾從古人聞之，有天名曰三十三天，我今欲往見三十三天。』阿難！彼頂生王有大如意足，有大威德，有大福祐，有大威神。適發心已，即以如意足乘虛而往，及四種軍，向日光去。阿難！彼頂生王遙見三十三天中，須彌山王上猶如大雲，告諸臣曰：『卿等見三十三天中，須彌山王上猶如大雲耶？』諸臣對曰：『見也，天王！』王復告曰：『卿等知不？是三十三天晝度樹也。三十三天在此樹下，於夏四月，具足五欲，而自娛樂。』

「阿難！彼頂生王復遙見三十三天中，須彌山王上近於南邊猶如大雲，告諸臣曰：『卿等見三十三天中，須彌山王上近於南邊猶如大雲耶？』諸臣對曰：『見也，天王！』王復告曰：『卿等知不？是三十三天正法之堂，三十三天於此堂中，八日、十四日、十五日為天為人，思法思義。』阿難！彼頂生王即到三十三天。彼頂生王到三十三天已，即入法堂。於是天帝釋便與頂生王半座令坐，彼頂生王即坐天帝釋半座。於是頂生王及天帝釋都無差別，光光無異，色色無異，形形無異，威儀禮節及其衣服亦無有異，唯眼眴異。

「阿難！彼頂生王而於後時極大久遠，復作是念：『我有閻浮洲，極大富樂，多有人民；我有七寶，千子具足，及於宮中雨寶七日，積至于膝，我亦復有瞿陀尼洲，亦有弗婆鞞陀提洲，亦有欝單曰洲。我又已見三十三天雲集大會，我已得入諸天法堂。又天帝釋與我半座，我已得坐帝釋半座，我與帝釋都無差別，光光無異，色色無異，形形無異，威儀禮節及其衣服亦無有異，唯眼眴異。我今寧可驅帝釋去，奪取半座，作天人王，由己自在。』

「阿難！彼頂生王適發此念，不覺已下在閻浮洲，便失如意足，生極重病。命將終時，諸臣往詣頂生王所白曰：『天王！若有梵志、居士及臣人民，來問我等：「頂生王臨命終時說何等事？」天王！我等當云何答梵志、居士及臣人民？』

「時頂生王告諸臣曰：『若梵志、居士及臣人民來問卿等：「頂生王臨命終時說何等事？」卿等應當如是答之：「頂生王得閻浮洲，意不滿足而命終。頂生王得七寶，意不滿足而命終。千子具足，意不滿足而命終。頂生王七日雨寶，意不滿足而命終。頂生王得瞿陀尼洲，意不滿足而命終。頂生王得弗婆鞞陀提洲，意不滿足而命終。頂生王得欝單曰洲，意不滿足而命終。頂生王見諸天集會，意不滿足而命終。頂生王具足五欲功德：色、聲、香、味、觸，意不滿足而命終。」若梵志、居士及臣人民，來問卿等：「頂生王臨命終時說何等事？」卿等應當如是答之。』」

於是世尊而說頌曰：

天雨妙珍寶，　欲者無厭足，　欲苦無有樂，　慧者應當知。

若有得金積，　猶如大雪山，　一一無有足，　慧者作是念。
得天妙五欲，　不以此五樂，　斷愛不著欲，　等正覺弟子。

於是世尊告曰：「阿難！昔頂生王，汝謂異人耶？莫作斯念，當知即是我也。阿難！我於爾時為自饒益，亦饒益他，饒益多人，愍傷世間，為天為人求義及饒益，求安隱快樂。爾時說法不至究竟，不究竟白淨，不究竟梵行；不究竟梵行訖，爾時不離生、老、病、死、啼哭憂慼，亦未能得脫一切苦。阿難！我今出世，如來、無所著、等正覺、明行成為、善逝、世間解、無上*士、道法御、天人師、號佛、眾祐。我今自饒益，亦饒益他，饒益多人，愍傷世間，為天為人求義及饒益，求安隱快樂。我今說法得至究竟，究竟白淨，究竟梵行；究竟梵行訖，我今得離生、老、病、死、啼哭憂慼，我今已得脫一切苦。」

佛說如是，尊者阿難及諸比丘聞佛所說，歡喜奉行。

四洲經第三竟三千三百五十三字

(六一)中阿含王相應品牛糞喻經第四初一日誦

我聞如是：一時，佛遊舍衞國，在勝林給孤獨園。

爾時有一比丘在安靜處，燕坐思惟而作是念：「頗復有色常住不變，而一向樂，恒久存耶？頗有覺、想、行、識常住不變，而一向樂，恒久存耶？」

彼一比丘則於晡時從燕坐起，往詣佛所，稽首作禮，却坐一面，白曰：「世尊！我今在安靜處燕坐思惟而作是念：『頗復有色常住不變，而一向樂，恒久存耶？頗有覺、想、行、識常住不變，而一向樂，恒久存耶？』」

佛告比丘：「無有一色常住不變，而一向樂，恒久存者；無有覺、想、行、識常住不變，而一向樂，恒久存者。」

於是世尊以手指爪抄少牛糞，告曰：「比丘！汝今見我以手指爪抄少牛糞耶？」

比丘白曰：「見也，世尊！」

佛復告曰：「比丘！如是無有少色常住不變，而一向樂，恒久存也；如是無有少覺、想、行、識常住不變，而一向樂，恒久存也。所以者何？比丘！我憶昔時長夜作福，長作福已，長受樂報。比丘！我在昔時七年行慈，七反成敗，不來此世。世敗壞時，生晃昱天；世成立時，來下生空梵宮殿中，於彼梵中作大梵天。餘處千反，作自在天王；三十六反，作天帝釋。復無量反，作剎利頂生王。

「比丘！我作剎利頂生王時，有八萬四千大象，被好乘具眾寶校飾，白珠珞覆，于娑賀象王為首。比丘！我作剎利頂生王時，有八萬四千馬，被好乘具，眾寶莊飾，金銀交珞，駝馬王為首。比丘！我作剎利頂生王時，有八萬四千車，四種校飾，莊以眾好師子、虎豹斑文之皮，織成雜色種種莊飾，極利疾名樂聲車為首。比丘！我作剎利頂生王時，有八萬四千大城，極大富樂，多有人民，拘舍惒堤王城為首。比丘！我作剎利頂生王時，有八萬四千樓，四種寶樓：金、銀、琉璃及水精，正法殿為首。

「比丘！我作剎利頂生王時，有八萬四千御座，四種寶座：金、銀、琉璃及水精，敷以氍氀毾㲪，覆以錦綺羅縠，有襯體被，兩頭安枕，加陵伽波惒邏波遮悉多羅那。比丘！我作剎利頂生王時，有◎八萬四千雙衣，初摩衣、錦衣、繒衣、劫貝衣、加陵伽波惒邏衣。比丘！我作剎利頂生王時，有◎八萬四千女，身體光澤*皦潔明淨，美色過人，小不及天，姿容端正覩者歡悅，衆寶瓔珞嚴飾具足，盡剎利種女，餘族無量。比丘！我作剎利頂生王時，有八萬四千種食，晝夜常供，為我故設，欲令我食。

「比丘！彼八萬四千種食中，有一種食，極美淨潔無量種味，是我常所食。比丘！彼八萬四千女中，有一刹利女，最端正姝好，常奉侍我。比丘！彼八萬四千雙衣中，有一雙衣，或初摩衣、或錦衣、或繒衣、或劫貝衣、或加陵伽波惒邏衣，是我常所著。比丘！彼八萬四千御座中，有一御座，或金、或銀、或琉璃、或水精，敷以氍氀毾㲪，覆以錦綺羅縠，有襯體被，兩頭安枕，加陵伽波惒邏波遮悉多羅那，是我常所臥。比丘！彼八萬四千樓觀中，有一樓觀，或金、或銀、或琉璃、或水精，名正法殿，是我常所住。

「比丘！彼八萬四千大城中，而有一城，極大富樂，多有人民，名拘舍惒提，是我常所居。比丘！彼八萬四千車中，而有一車，莊以衆好師子、虎豹斑文之皮，織成雜色種種莊飾，極利疾名樂聲車，是我常所載，至觀望園觀。比丘！彼八萬四千馬中，而有一馬，體紺青色，頭像如烏，名髦馬王，是我常所騎，至觀望園觀。

「比丘！彼八萬四千大象中，而有一象，舉體極白，七支盡正，名于娑賀象王，是我常所乘，至觀望園觀。比丘！我作此念：『是何業果？為何業報？令我今日有大如意足，有大威德，有大福祐，有大威神？』比丘！我復作此念：『是三業果，為三業報，令我今日有大如意足，有大威德，有大福祐，有大威神。一者、布施，二者、調御，三者、守護。』比丘！汝觀彼一切所有盡滅，如意足亦失。

「比丘！於意云何？色為有常？為無常耶？」

答曰：「無常也，世尊！」

復問曰：「若無常者，是苦？非苦耶？」

答曰：「苦、變易也，世尊！」

復問曰：「若無常、苦、變易法者，是多聞聖弟子頗受是我、是我所、我是彼所耶？」

答曰：「不也，世尊！」

復問曰：「比丘！於意云何？覺、想、行、識為有常？為無常耶？」

答曰：「無常也，世尊！」

復問曰：「若無常者，是苦？非苦耶？」

答曰：「苦、變易也，世尊！」

復問曰：「若無常、苦、變易法者，是多聞聖弟子頗受是我、是我所、我是彼所耶？」

答曰：「不也，世尊！」

「是故，比丘！汝應如是學，若有色，或過去、或未來、或現在，或內、或外，或麤、或細，或好、或惡，或近、或遠，彼一切非我、非我所，我非彼所，當以慧觀知如真。若有覺、想、行、識，或過去、或未來、或現在，或內、或外，或麤、或細，或好、或惡，或近、或遠，彼一切非我、非我所，我非彼所，當以慧觀知如真。比丘！若多聞聖弟子如是觀者，彼便厭色，厭覺、想、行、識；厭已便無欲，無欲已便解脫，解脫已便知解脫：生已盡，梵行已立，所作已辦，不更受有，知如真。」

於是彼比丘聞佛所說，善受善持，即從坐起，稽首佛足，繞三匝而去。彼比丘受佛化已，獨住遠離心無放逸，修行精勤。彼獨住遠離心無放逸，修行精勤已，族姓子所為，剃除鬚髮，著袈裟衣，至信捨家，無家學道者，唯無上梵行訖，於現法中自知自覺，自作證成就遊：生已盡，梵行已立，所作已辦，不更受有，知如真。如是彼比丘知法已，乃至得阿羅訶。

佛說如是，彼諸比丘聞佛所說，歡喜奉行。

牛糞喻經第四竟千六百三十三字

(六二)中阿含王相應品頻鞞娑邏王迎佛經第五 初一日誦

我聞如是：一時，佛遊摩竭陀國，與大比丘衆俱，比丘一千悉無著、至真，本皆編髮，往詣王舍城摩竭陀邑。

於是摩竭陀王頻鞞娑邏，聞世尊遊摩竭陀國，與大比丘衆俱，比丘一千悉無著、至真，本皆編髮，來此王舍城摩竭陀邑。摩竭陀王頻鞞娑邏聞已，即集四種軍：象軍、馬軍、車軍、步軍。集四種軍已，與無數衆俱，長一由延，往詣佛所。

於是世尊遙見摩竭陀王頻鞞娑邏來，則便避道，往至善住尼拘類樹王下，敷尼師檀，結跏趺坐，及比丘衆。摩竭陀王頻鞞娑邏遙見世尊在林樹間，端正姝好猶星中月，光耀煒曄晃若金山，相好具足威神巍巍，諸根寂定無有蔽礙，成就調御息心靜默。見已下車，若諸王剎利以水灑頂，得為人主，整御大地，有五儀式：一者、劍，二者、蓋，三者、天冠，四者、珠柄拂，五者、嚴飾屣。一切除却及四種軍，步進詣佛，到已作禮，三自稱名姓：「世尊！我是摩竭陀王洗尼頻鞞娑邏。」如是至三。

於是世尊告曰：「大王！如是！如是！汝是摩竭陀王洗尼頻鞞娑邏。」

於是摩竭陀王洗尼頻鞞娑邏，再三自稱名姓已，為佛作禮，却坐一面。諸摩竭陀人或禮佛足，却坐一面；或問訊佛，却坐一面；或叉手向佛，却坐一面；或遙見佛已，默然而坐。

爾時尊者鬱毘邏迦葉亦在衆坐，尊者鬱毘羅迦葉是摩竭陀人意之所係，謂大尊師是無著真人。於是摩竭陀人悉作是念：「沙門瞿曇從鬱毘羅迦葉學梵行耶？為鬱毘羅迦葉從沙門瞿曇學梵行耶？」

爾時世尊即知摩竭陀人心之所念，便向尊者鬱毘羅迦葉而說頌曰：

鬱毘見何等？　斷火來就此，　迦葉為我說，　所由不事火。
飲食種種味，　為欲故事火，　生中見如此，　是故不樂事。
迦葉意不樂，　飲食種種味，　何不樂天人？　迦葉為我說。
見寂靜滅盡，　無為不欲有，　更無有尊天，　是故不事火。
世尊為最勝，　世尊不邪思，　了解覺諸法，　我受最勝法。

於是世尊告曰：「迦葉！汝今當為現如意足，令此眾會咸得信樂。」

於是尊者鬱毘羅迦葉，即如其像作如意足，便在坐沒，從東方出，飛騰虛空，現四種威儀：一行、二住、三坐、四臥。復次，入於火定，尊者鬱毘羅迦葉入火定已，身中便出種種火焰，青、黃、赤、白中水精色；下身出火，上身出水；上身出火，下身出水。如是南、西、北方飛騰虛空，現四種威儀：一行、二住、三坐、四臥。復次，入於火定，尊者鬱毘羅迦葉入火定已，身中便出種種火焰，青、黃、赤、白，中水精色；下身出火，上身出水；上身出火，下身出水。

於是尊者鬱毘羅迦葉*現如意足已，為佛作禮，白曰：「世尊！佛是我師，我是佛弟子，佛*具一切智，我無一切智。」

世尊告曰：「如是，迦葉！如是，迦葉！我有一切智，汝無一切智。」

爾時尊者欝毘羅迦葉因自己故，而說頌曰：

昔無所知時，　為解脫事火，　雖老猶生盲，　邪不見真際。
我今見上跡，　無上龍所說，　無為盡脫苦，　見已生死盡。

諸摩竭陀人見如此已，便作是念：「沙門瞿曇不從欝毘羅迦葉學梵行，欝毘羅迦葉從沙門瞿曇學梵行也。」

世尊知諸摩竭陀人心之所念，便為摩竭陀王洗尼頻鞞娑邏說法，勸發渴仰成就歡喜。無量方便為彼說法，勸發渴仰成就歡喜已，如諸佛法，先說端正法，聞者歡悅，謂說施、說戒、說生天法，毀呰欲為災患，生死為穢，稱歎無欲為妙，道品白淨，世尊為彼大王說之。

佛已知彼有歡喜心、具足心、柔軟心、堪耐心、昇上心、一向心、無疑心、無*蓋心，有能有力堪受正法，謂如諸佛所說正要，世尊即為彼說苦、習、滅、道：「大王！色生滅，汝當知色生滅。大王！覺、想、行、識生滅，汝當知識生滅。大王！猶如大雨時，水上之泡或生或滅。大王！色生滅亦如是，汝當知色生滅。大王！覺、想、行、識生滅，汝當知識生滅。

「大王！若族姓子知色生滅，便知不復生當來色。大王！若族姓子知覺、想、行、識生滅，便知不復生當來識。大王！若族姓子知色如真，便不著色，不計色，不染色，不住色，不樂色是我。大王！若族姓子知覺、想、行、識如真，便不著識，不計識，不染識，不住識，不樂識是我。

「大王！若族姓子不著色，不計色，不染色，不住色，不樂色是我者，便不復更受當來色。大王！若族姓子不著覺、想、行、識，不計識，不染識，不住識，不樂識是我者，便不復更受當來識。大王！此族姓子無量、不可計、無限、得息寂，若捨此五陰已，則不更受陰也。」

於是諸摩竭陀人而作是念：「若使色無常，覺、想、行、識無常者，誰活？誰受苦樂？」

世尊即知摩竭陀人心之所念，便告比丘：「愚癡凡夫不有所聞，見我是我而著於我，但無我、無我所，空我、空我所，法生則生，法滅則滅，皆由因緣合會生苦，若無因緣諸苦便滅，衆生因緣會相連續則生諸法。如來見衆生相連續生已，便作是說：有生有死。我以清淨天眼出過於人，見此衆生死時、生時，好色、惡色，或妙、不妙，往來善處及不善處，隨此衆生之所作業，見其如真。

「若此衆生成就身惡行，口、意惡行，誹謗聖人，邪見成就邪見業；彼因緣此，身壞命終必至惡處，生地獄中。若此衆生成就身善行，口、意善行，不誹謗聖人，正見成就正見業；彼因緣此，身壞命終必昇善處，乃至天上。我知彼如是，然不語彼。此是我為能覺、能語，作、教作、起、教起，調彼彼處受善惡業報。於中或有作是念：此不相應，此不得住，其行如法。因此生彼，若無此因便不生彼；因此有彼，若此滅者彼便滅也。所謂緣無明有行，乃至緣生有老死；若無明滅則行便滅，乃至生滅則老死滅。大王！於意云何？色為有常？為無常耶？」

答曰：「無常也，世尊！」

復問曰：「若無常者，是苦？非苦耶？」

答曰：「苦、變易也，世尊！」

復問曰：「若無常、苦、變易法者，是多聞聖弟子頗受是我，是我所，我是彼所耶？」

答曰：「不也，世尊！」

「大王！於意云何？覺、想、行、識為有常？為無常耶？」
答曰：「無常也，世尊！」
復問曰：「若無常者，是苦？非苦耶？」
答曰：「苦、變易也，世尊！」
復問曰：「若無常、苦、變易法者，是多聞聖弟子頗受是我、是我所、我是彼所耶？」
答曰：「不也，世尊！」
「大王！是故汝當如是學，若有色，或過去、或未來、或現在，或內、或外，或麤、或細，或好、或惡，或近、或遠，彼一切非我、非我所，我非彼所，當以慧觀知如真。大王！若有覺、想、行、識，或過去、或未來、或現在，或內、或外，或麤、或細，或好、或惡，或近、或遠，彼一切非我、非我所，我非彼所，當以慧觀知如真。大王！若多聞聖弟子如是觀者，彼便厭色，厭覺、想、行、識；厭已便無欲，無欲已便得解脫，解脫已便知解脫：生已盡，梵行已立，所作已辦，不更受有，知如真。」

佛說此法時，摩竭陀王洗尼頻鞞娑邏遠塵離垢，諸法法眼生，及八萬天、摩竭陀諸人萬二千遠塵離垢，諸法法眼生。於是摩竭陀王洗尼頻鞞娑邏，見法得法，覺白淨法，斷疑度惑更無餘尊，不復從他無有猶豫，已住果證，於世尊法得無所畏，即從坐起，稽首佛足，白曰：「世尊！我今自歸於佛、法及比丘眾，唯願世尊受我為優婆塞！從今日始，終身自歸，乃至命盡。」

佛說如是，摩竭陀王洗尼頻鞞娑邏及八萬天、摩竭諸人萬二千及千比丘聞佛所說，歡喜奉行。

頻鞞娑邏王迎佛經第五竟二千二百二十字

中阿含經卷第十一七千九百九十六字

中阿含經卷第十二

東晉罽賓三藏瞿曇僧伽提婆譯

（六三）中阿含王相應品鞞婆陵耆經第六初一日誦

我聞如是：一時，佛遊拘薩羅國。

爾時世尊與大比丘衆俱，行道中路欣然而笑。尊者阿難見世尊笑，叉手向佛，白曰：「世尊！何因緣笑？諸佛如來、無所著、等正覺若無因緣終不妄笑，願聞其意！」

彼時世尊告曰：「阿難！此處所中，迦葉如來、無所著、等正覺在此處坐，為弟子說法。」

於是尊者阿難即在彼處速疾敷座，叉手向佛，白曰：「世尊！唯願世尊亦坐此處，為弟子說法！如是此處為二如來、無所著、等正覺所行。」

爾時世尊便於彼處坐尊者阿難所敷之座，坐已告曰：「阿難！此處所中，迦葉如來、無所著、等正覺有講堂，迦葉如來、無所著、等正覺於中坐已，為弟子說法。阿難！此處所中，昔有村邑，名鞞婆陵者，極大豐樂，多有人民。阿難！鞞婆陵者村邑之中有梵志大長者，名曰無恚，極大富樂資財無量，畜牧產業不可稱計，封戶食邑種種具足。阿難！梵志大長者無恚有子，名優多羅摩納，為父母所學，受生清淨，乃至七世父母不絕種族，生生無惡，博聞總持，誦過四典經，深達因、緣、正、文、戲五句說。阿難！優多羅童子有善朋友，名難提波羅陶師，常為優多羅童子之所愛念，喜見無厭。

「阿難！難提波羅陶師歸佛、歸法、歸比丘衆，不疑三尊，不惑苦、習、滅、道，得信持戒，博聞惠施，成就智慧。離殺、斷殺，棄捨刀杖，有慚有愧，有慈悲心，饒益一切乃至蜫蟲，彼於殺生淨除其心。阿難！難提波羅陶師離不與取，斷不與取，*與之乃取，樂於與取，常好布施，歡喜無悋不望其報，彼於不與取淨除其心。阿難！難提波羅陶師離非梵行，斷非梵行，勤修梵行，精勤妙行，清淨無穢，離欲斷婬，彼於非梵行淨除其心。

「阿難！難提波羅陶師離妄言，斷妄言，真諦言，樂真諦，住真諦不移動，一切可信，不欺世間，彼於妄言淨除其心。阿難！難提波羅陶師離兩舌，斷兩舌，行不兩舌，不破壞他；不聞此語彼，欲破壞此；不聞彼語此，欲破壞彼；離者欲合，合者歡喜；不作群黨，不樂群黨，不稱群黨，彼於兩舌淨除其心。阿難！難提波羅陶師離麤言，斷麤言。若有所言辭氣麤獷，惡聲逆耳，衆所不喜，衆所不愛，使他苦惱令不得定，斷如是言。若有所說清和柔潤，順耳入心，可喜可愛使他安樂，言聲具了，不使人畏令他得定，說如是言，彼於麤言淨除其心。阿難！難提波羅陶師離綺語，斷綺語，時說、真說、法說、義說、止息說、樂止息說，事順時得宜，善教善訶，彼於綺語淨除其心。

「阿難！難提波羅陶師離治生、斷治生，棄捨稱量及斗斛，棄捨受貨，不縛束人，不望折斗量，不以小利侵欺於人，彼於治生淨除其心。阿難！難提波羅陶師離受寡婦、童女，斷受寡婦、童女，彼於受寡婦、童女淨除其心。阿難！難提波羅陶師離受奴婢，斷受奴婢，彼於受奴婢淨除其心。阿難！難提波羅陶師離受象、馬、牛、羊，斷受象、馬、牛、羊，彼於受象、馬、牛、羊淨除其心。阿難！難提波羅陶師離受雞、猪，斷受雞、猪，彼於受雞、猪淨除其心。阿難！難提波羅陶師離受田業、店肆，斷受田業、店肆，彼於受田業、店肆淨除其心。阿難！難提波羅陶師離受生稻、麥、豆，斷受生稻、麥、豆，彼於受生稻、麥、豆淨除其心。

「阿難！難提波羅陶師離酒、斷酒，彼於飲酒淨除其心。阿難！難提波羅陶師離高廣大床，斷高廣大床，彼於高廣大床淨除其心。阿難！難提波羅陶師離華鬘、瓔珞、塗香、脂粉，斷華鬘、瓔珞、塗香、脂粉，彼於華鬘、瓔珞、塗香、脂粉淨除其心。阿難！難提波羅陶師離歌舞倡妓及往觀聽，斷歌舞倡妓及往觀聽，彼於歌舞倡妓及往觀聽淨除其心。阿難！難提波羅陶師離受生色像寶，斷受生色像寶，彼於生色像寶淨除其心。阿難！難提波羅陶師離過中食，斷過中食，常一食，不夜食，學時食，彼於過中食淨除其心。

「阿難！難提波羅陶師盡形壽手離鏵鍬，不自掘地，亦不教他。

若水岸崩土及鼠傷土，取用作器，舉著一面，語買者曰：『汝等若有豌豆、稻、麥、大小麻豆、䅵豆、芥子，瀉已持器去，隨意所欲。』阿難！難提波羅陶師盡形壽供侍父母，父母無目，唯仰於人，是故供侍。

「阿難！難提波羅陶師過夜平旦，往詣迦葉如來、無所著、等正覺所，到已作禮，却坐一面。迦葉如來、無所著、等正覺為彼說法，勸發渴仰成就歡喜。無量方便為彼說法，勸發渴仰成就歡喜已，默然而住。阿難！於是難提波羅陶師，迦葉如來、無所著、等正覺為其說法，勸發渴仰成就歡喜已，即從坐起，禮迦葉如來、無所著、等正覺足已，繞三匝而去。

「爾時優多羅童子乘白馬車，與五百童子俱，過夜平旦，從鞞婆陵耆村邑出，往至一無事處，欲教若干國來諸弟子等，令讀梵志書。於是優多羅童子遙見難提波羅陶師來，見已便問：『難提波羅！汝從何來？』難提波羅答曰：『我今從迦葉如來、無所著、等正覺所供養禮事來，優多羅！汝可共我往詣迦葉如來、無所著、等正覺所供養禮事。』於是優多羅童子答曰：『難提波羅！我不欲見禿頭沙門，禿沙門不應得道，道難得故。』於是難提波羅陶師捉優多羅童子頭髻，牽令下車。於是優多羅童子便作是念：『此難提波羅陶師常不調戲，不狂不癡，今捉我頭髻，必當有以。』念已，語曰：『難提波羅！我隨汝去！我隨汝去！』難提波羅喜，復語曰：『去者甚善！』

「於是難提波羅陶師與優多羅童子共往詣迦葉如來、無所著、等正覺所，到已作禮，却坐一面。難提波羅陶師白迦葉如來、無所著、等正覺曰：『世尊！此優多羅童子是我朋友，彼常見愛，常喜見我，無有厭足，彼於世尊無信敬心，唯願世尊善為說法，令彼歡喜得信敬心！』於是迦葉如來、無所著、等正覺為難提波羅陶師及優多羅童子說法，勸發渴仰成就歡喜。無量方便為彼說法，勸發渴仰成就歡喜已，默然而住。於是難提波羅陶師及優多羅童子，迦葉如來、無所著、等正覺為其說法，勸發渴仰成就歡喜已，即從坐起，禮迦葉如來、無所著、等正覺足，繞三匝而去。

「於是優多羅童子還去不遠，問曰：『難提波羅！汝從迦葉如來、無所著、等正覺得聞如是微妙之法，何意住家？不能捨離學聖道耶？』於是難提波羅陶師答曰：『優多羅！汝自知我盡形壽供養父母，父母無目，唯仰於人，我以供養侍父母故。』於是優多羅童子問難提波羅：『我可得從迦葉如來、無所著、等正覺出家學道，受於具足得作比丘，行梵行耶？』於是難提波羅陶師及優多羅童子即從彼處，復往詣迦葉如來、無所著、等正覺所，到已作禮，卻坐一面。

「難提波羅陶師白迦葉如來、無所著、等正覺曰：『世尊！此優多羅童子還去不遠，而問我言：「難提波羅！汝從迦葉如來、無所著、等正覺得聞如是微妙之法，何意住家？不能捨離學聖道耶？」世尊！我答彼曰：「優多羅！汝自知我盡形壽供養父母，父母無目，唯仰於人，我以供養侍父母故。」優多羅復問我曰：「難提波羅！我可得從迦葉如來、無所著、等正覺出家學道，受於具足得作比丘，行梵行耶？」願世尊度彼出家學道，授與具足，得作比丘！』迦葉如來、無所著、等正覺為難提波羅默然而受。於是難提波羅陶師知迦葉如來、無所著、等正覺默然受已，即從坐起，稽首作禮，繞三匝而去。

「於是迦葉如來、無所著、等正覺，難提波羅去後不久，度優多羅童子出家學道，授與具足。出家學道，授與具足已，於鞞婆陵耆村邑隨住數日，攝持衣鉢，與大比丘衆俱共遊行，欲至波羅㮈迦私國邑。展轉遊行，便到波羅㮈迦私國邑，遊波羅㮈住仙人處鹿野園中。於是頻鞞王聞迦葉如來、無所著、等正覺遊行迦私國，與大比丘衆俱，到此波羅㮈住仙人處鹿野園中。頻鞞王聞已，告御者曰：『汝可嚴駕，我今欲往詣迦葉如來、無所著、等正覺所。』時彼御者受王教已，即便嚴駕。嚴駕已訖，還白王曰：『已嚴好車，隨天王意。』

「於是頻鞞王乘好車已，從波羅㮈出，往詣仙人住處鹿野園中。時頻鞞王遙見樹間迦葉如來、無所著、等正覺，端正姝好猶星中月，光耀煒曄晃若金山，相好具足威神巍巍，諸根寂定無有蔽礙，成就調御息心靜默。見已下車，步詣迦葉如來、無所著、等正覺所，到已作禮，却坐一面。頻鞞王坐一面已，迦葉如來、無所著、等正覺為彼說法，勸發渴仰成就歡喜。無量方便為彼說法，勸發渴仰成就歡喜已，默然而住。

「於是頻鞞王，迦葉如來、無所著、等正覺為其說法，勸發渴仰成就歡喜已，即從坐起，偏袒著衣，叉手而向，白迦葉如來、無所著、等正覺曰：『唯願世尊明受我請，及比丘衆！』迦葉如來、無所著、等正覺，為頻鞞王默然受請。於是頻鞞王知迦葉如來、無所著、等正覺默然受已，稽首作禮，繞三匝而去。還歸其家，於夜施設極美淨妙種種豐饒食噉含消，即於其夜供辦已訖，平旦敷床唱曰：『世尊！今時已到，食具已辦，唯願世尊以時臨顧。』

「於是迦葉如來、無所著、等正覺，過夜平旦，著衣持鉢，諸比丘衆侍從世尊，往詣頻鞞王家，在比丘衆上敷座而坐。於是頻鞞王見佛及比丘衆坐已，自行澡水，以極美淨妙種種豐饒食噉含消，手自斟酌令得飽滿。食訖收器，行澡水竟，敷一小床別坐聽法。頻鞞王坐已，迦葉如來、無所著、等正覺為彼說法，勸發渴仰成就歡喜。無量方便為彼說法，勸發渴仰成就歡喜已，默然而住。

「於是頻鞞王，迦葉如來、無所著、等正覺為其說法，勸發渴仰，成就歡喜已，即從坐起，偏袒著衣，叉手而向，白迦葉如來、無所著、等正覺曰：『唯願世尊於此波羅棕受我夏坐，及比丘衆！我為世尊作五百房，五百床褥，及施拘執如此白粳米，王之所食種種諸味，飯*供世尊及比丘衆。』迦葉如來、無所著、等正覺，告頻鞞王曰：『止！止！大王！但心喜足。』頻鞞王如是至再三，叉手而向，白迦葉如來、無所著、等正覺曰：『唯願世尊於此波羅棕受我夏坐，及比丘衆！我為世尊作五百房、五百床褥，及施拘執如此白粳米，王之所食種種諸味，飯*供世尊及比丘衆！』迦葉如來、無所著、等正覺，亦再三告頻鞞王曰：『止！止！大王！但心喜足。』

「於是頻鞞王不忍不欲，心大憂慼：『迦葉如來、無所著、等正覺不能為我於此波羅㮈而受夏坐，及比丘衆。』作是念已，頻鞞王白迦葉如來、無所著、等正覺曰：『世尊！頗更有在家白衣，奉事世尊如我者耶？』迦葉如來、無所著、等正覺告頻鞞王曰：『有，在王境界鞞婆陵耆村，極大豐樂，多有人民。大王！彼鞞婆陵耆村中有難提波羅陶師。大王！難提波羅陶師歸佛、歸法、歸比丘衆，不疑三尊，不惑苦、習、滅、道，得信持戒，博聞惠施，成就智慧，離殺、斷殺，棄捨刀杖，有慚有愧，有慈悲心，饒益一切乃至蜫蟲，彼於殺生淨除其心。大王！難提波羅陶師離不與取，斷不與取，與之乃取，樂於與取，常好布施，歡喜無悋不望其報，彼於不與取淨除其心。大王！難提波羅陶師離非梵行，斷非梵行，勤修梵行，精懃妙行，清淨無穢，離欲斷婬，彼於非梵行淨除其心。

「『大王！難提波羅陶師離妄言，斷妄言，真諦言，樂真諦，住真諦不移動，一切可信，不欺世間，彼於妄言淨除其心。大王！難提波羅陶師離兩舌、斷兩舌，行不兩舌，不破壞他；不聞此語彼，欲破壞此；不聞彼語此，欲破壞彼；離者欲合，合者歡喜；不作群黨，不樂群黨，不稱群黨，彼於兩舌淨除其心。大王！難提波羅陶師離麤言，斷麤言。若有所言辭氣麤獷，惡聲逆耳，衆所不喜，衆所不愛，使他苦惱令不得定，斷如是言。若有所說清和柔潤，順耳*入心，可喜可愛使他安樂，言聲具了，不使人畏令他得定，說如是言，彼於麤言淨除其心。大王！難提波羅陶師離綺語，斷綺語，時說、真說、法說、義說、止息說、樂止息說，事順時得宜，善教善訶，彼於綺語淨除其心。

「『大王！難提波羅陶師離治生，斷治生，棄捨稱量及斗斛，亦不受貨，不縛束人，不望折斗量，不以小利侵欺於人，彼於治生淨除其心。大王！難提波羅陶師離受寡婦、童女，斷受寡婦、童女，彼於受寡婦、童女淨除其心。大王！難提波羅陶師離受奴婢，斷受奴婢，彼於受奴婢淨除其心。大王！難提波羅陶師離受象、馬、牛、羊，斷受象、馬、牛、羊，彼於受象、馬、牛、羊淨除其心。大王！難提波羅陶師離受雞、猪，斷受雞、猪，彼於受雞、猪淨除其心。大王！難提波羅陶師離受田業、店肆，斷受田業、店肆，彼於受田業、店肆淨除其心。大王！難提波羅陶師離受生稻、麥、豆，斷受生稻、麥、豆，彼於受生稻、麥、豆淨除其心。

「『大王！難提波羅陶師離酒、斷酒，彼於飲酒淨除其心。大王！難提波羅陶師離高廣大床，斷高廣大床，彼於高廣大床淨除其心。大王！難提波羅陶師離華鬘、瓔珞、塗香、脂粉，斷華鬘、瓔珞、塗香、脂粉，彼於華鬘、瓔珞、塗香、脂粉淨除其心。大王！難提波羅陶師離歌舞、倡妓及往觀聽，斷歌舞、倡妓及往觀聽，彼於歌舞、倡妓及往觀聽淨除其心。大王！難提波羅陶師離受生色像寶，斷受生色像寶，彼於受生色像寶淨除其心。大王！難提波羅陶師離過中食，斷過中食，常一食，不夜食，學時食，彼於過中食淨除其心。

「『大王！難提波羅陶師盡形壽手離鏵鍬，不自掘地，亦不教他。若水岸崩土及鼠傷土，取用作器，舉著一面，語買者言：「汝等若有豌豆、稻、麥、大小麻豆、豍豆、芥子，瀉已持器去，隨意所欲。」大王！難提波羅陶師盡形壽供侍父母，父母無目，唯仰於人，是故供侍。大王！我憶昔時依鞞婆陵耆村邑遊行，大王！我爾時平旦，著衣持鉢，入鞞婆陵耆村邑乞食，次第乞食，往到難提波羅陶師家。爾時難提波羅為小事故，出行不在。大王！我問難提波羅陶師父母曰：「長老！陶師今在何處？」彼答我曰：「世尊！侍者為小事，故暫出不在。善逝！侍者為小事故，暫出不在。世尊！籮中有麥飯，釜中有豆羹，唯願世尊為慈愍故，隨意自取。」大王！我便受鬱單曰法，即於籮釜中取羹飯而去。

「『難提波羅陶師於後還家，見籮中飯少，釜中羹減，白父母曰：「誰取羹飯？」父母答曰：「賢子！今日迦葉如來、無所著、等正覺至此乞食，彼於籮釜中取羹飯去。」難提波羅陶師聞已，便作是念：「我有善利，有大功德，迦葉如來、無所著、等正覺於我家中隨意自在。」彼以此歡喜結跏趺坐，息心靜默，至于七日，於十五日中而得歡樂，其家父母於七日中亦得歡樂。復次，大王！我憶昔時依鞞婆陵耆村邑遊行，大王！我爾時平旦著衣持鉢，入鞞婆陵耆村邑乞食，次第乞食，往到難提波羅陶師家，爾時難提波羅為小事故，出行不在。大王！我問難提波羅陶師父母曰：「長老！陶師今在何處？」彼答我曰：「世尊！侍者為小事故，暫出不在。善逝！侍者為小事故，暫出不在。世尊！大釜中有粳米飯，小釜中有羹，唯願世尊為慈愍故，隨意自取！」大王！我便受鬱單曰法，即於大小釜中取羹飯去。

「『難提波羅陶師於後還家，見大釜中飯少，小釜中羹減，白父母曰：「誰大釜中取飯，小釜中取羹？」父母答曰：「賢子！今日迦葉如來、無所著、等正覺至此乞食，彼於大小釜中取羹飯去。」難提波羅陶師聞已，便作是念：「我有善利，有大功德，迦葉如來、無所著、等正覺於我家中隨意自在。」彼以此歡喜結跏趺坐，息心靜默，至于七日，於十五日中而得歡樂，其家父母於七日中亦得歡樂。

「『復次，大王！我憶昔時依鞞婆陵耆村邑而受夏坐，大王！我爾時新作屋未覆，難提波羅陶師故陶屋新覆。大王！我告瞻侍比丘曰：「汝等可去壞難提波羅陶師故陶屋，持來覆我屋。」瞻侍比丘即受我教，便去往至難提波羅陶師家，挽壞故陶屋，作束持來用覆我屋。難提波羅陶師父母聞壞故陶屋，聞已，問曰：「誰壞難提波羅故陶屋耶？」比丘答曰：「長老！我等是迦葉如來、無所著、等正覺瞻侍比丘，挽壞難提波羅陶師故陶屋，作束用覆迦葉如來、無所著、等正覺屋。」難提波羅父母語曰：「諸賢！隨意持去，無有制者。」

「『難提波羅陶師於後還家，見挽壞故陶屋，白父母曰：「誰挽壞我故陶屋耶？」父母答曰：「賢子！今日迦葉如來、無所著、等正覺瞻侍比丘，挽壞故陶屋，作束持去，用覆迦葉如來、無所著、等正覺屋。」難提波羅陶師聞已，便作是念：「我有善利，有大功德，迦葉如來、無所著、等正覺於我家中隨意自在。」彼以此歡喜結*跏趺坐，息心靜默，至于七日，於十五日中而得歡樂，其家父母於七日中亦得歡樂。

「『大王！難提*波羅陶師故陶屋竟夏四月都不患漏，所以者何？蒙佛威神故。大王！難提波羅陶師無有不忍，無有不欲，心無憂慼

：迦葉如來、無所著、等正覺於我家中隨意自在。大王！汝有不忍，汝有不欲，心大憂慼：迦葉如來、無所著、等正覺不受我請，於此波羅㮈而受夏坐，及比丘衆。』於是迦葉如來、無所著、等正覺為頻鞞王說法，勸發渴仰成就歡喜。無量方便為彼說法，勸發渴仰成就歡喜已，從坐起去。

「時頻鞞王於迦葉如來、無所著、等正覺去後不久，便勑侍者：『汝等可以五百乘車載滿白粳米，王之所食種種諸味，載至難提波羅陶師家，而語之曰：「難提波羅！此五百乘車載滿白粳米，王之所食種種諸味，頻鞞王送來餉汝，為慈愍故，汝今當受。」』時彼侍者受王教已，以五百乘車載滿白粳米，王之所食種種諸味，送詣難提波羅陶師家，到已語曰：『難提波羅陶師！此五百乘車載滿白粳米，王之所食種種諸味，頻鞞王送來餉汝，為慈愍故，汝今當受！』於是難提波羅陶師辭讓不受，語侍者曰：『諸賢！頻鞞王家國大事多，費用處廣，我知如此，以故不受。』」

佛告阿難：「於意云何？爾時童子優多羅者，汝謂異人耶？莫作斯念！當知即是我也。阿難！我於爾時為自饒益，亦饒益他，饒益多人，愍傷世間，為天為人求義及饒益，求安隱快樂。爾時說法不至究竟，不究竟白淨，不究竟梵行，不究竟梵行訖，爾時不離生老病死、啼哭憂慼，亦未能得脫一切苦。阿難！我今出世，如來、無所著、等正覺、明行成為、善逝、世間解、無上士、道法御、天人師、號佛、眾祐。我今自饒益，亦饒益他，饒益多人，愍傷世間，為天為人求義及饒益，求安隱快樂。我今說法得至究竟，究竟白淨，究竟梵行，究竟梵行訖，我今已離生老病死、啼哭憂慼，我今已得脫一切苦。」

佛說如是，尊者阿難及諸比丘聞佛所說，歡喜奉行。

鞞婆陵耆經第六竟五千七百三十四字

(六四)中阿含王相應品天使經第七初一日誦

我聞如是：一時，佛遊舍衞國，在勝林給孤獨園。

爾時世尊告諸比丘：「我以淨天眼出過於人，見此眾生死時、生時，好色、惡色，或妙、不妙，往來善處及不善處，隨此眾生之所作業，見其如真。若此眾生成就身惡行，口、意惡行，誹謗聖人，邪見成就邪見業，彼因緣此，身壞命終必至惡處，生地獄中。若此眾生成就身妙行，口、意妙行，不誹謗聖人，正見成就正見業，彼因緣此，身壞命終必昇善處，乃生天上。

「猶大雨時水上之泡，或生或滅，若有目人住一處，觀生時、滅時，我亦如是，以淨天眼出過於人，見此眾生死時、生時，好色、惡色，或妙、不妙，往來善處及不善處，隨此眾生之所作業，見其如真。若此眾生成就身惡行，口、意惡行，誹謗聖人，邪見成就邪見業，彼因緣此，身壞命終必至惡處，生地獄中。若此眾生成就身妙行，口、意妙行，不誹謗聖人，正見成就正見業，彼因緣此，身壞命終必昇善處，乃生天上。

「猶大雨時雨墮之渧，或上或下，若有目人住一處，觀上時、下時；我亦如是，以淨天眼出過於人，見此衆生死時、生時，好色、惡色，或妙、不妙，往來善處及不善處，隨此衆生之所作業，見其如真。若此衆生成就身惡行，口、意惡行，誹謗聖人，邪見成就邪見業，彼因緣此，身壞命終必至惡處，生地獄中。若此衆生成就身妙行，口、意妙行，不誹謗聖人，正見成就正見業，彼因緣此，身壞命終必昇善處，乃生天上。

「猶琉璃珠，清淨自然生無瑕穢，八楞善治，貫以妙繩，或青、或黃、或赤黑白，若有目人住一處，觀此琉璃珠，清淨自然生無瑕穢，八楞善治，貫以妙繩，或青、或黃、或赤黑白；我亦如是，以淨天眼出過於人，見此衆生死時、生時，好色、惡色，或妙、不妙，往來善處及不善處，隨此衆生之所作業，見其如真。若此衆生成就身惡行，口、意惡行，誹謗聖人，邪見成就邪見業，彼因緣此，身壞命終必至惡處，生地獄中。若此衆生成就身妙行，口、意妙行，不誹謗聖人，正見成就正見業，彼因緣此，身壞命終必昇善處，乃生天上。

「猶如兩屋共一門，多人出入，若有目人住一處，觀出時、入時；我亦如是，以淨天眼出過於人，見此衆生死時、生時，好色、惡色，或妙、不妙，往來善處及不善處，隨此衆生之所作業，見其如真。若此衆生成就身惡行，口、意惡行，誹謗聖人，邪見成就邪見業，彼因緣此，身壞命終必至惡處，生地獄中。若此衆生成就身妙行，口、意妙行，不誹謗聖人，正見成就正見業，彼因緣此，身壞命終必昇善處，乃生天上。

「若有目人住高樓上，觀於下人往來周旋、坐臥走踊；我亦如是，以淨天眼出過於人，見此衆生死時、生時，好色、惡色，或妙、不妙，往來善處及不善處，隨此衆生之所作業，見其如真。若此衆生成就身惡行，口、意惡行，誹謗聖人，邪見成就邪見業，彼因緣此，身壞命終必至惡處，生地獄中。若此衆生成就身妙行，口、意妙行，不誹謗聖人，正見成就正見業，彼因緣此，身壞命終必昇善處，乃生天上。

「若有衆生生於人間，不孝父母，不知尊敬*沙門☆、梵志，不行如實，不作福業，不畏後世罪，彼因緣此，身壞命終生閻王境界。閻王人收送詣王所，白曰：『天王！此衆生本為人時，不孝父母，不知尊敬沙門、梵志，不行如實，不作福業，不畏後世罪，唯願天王處當其罪！』於是閻王以初天使善問、善撿、善教、善訶：『汝頗曾見初天使來耶？』彼人答曰：『不見也，天王！』閻王復問：『汝本不見一村邑中或男或女，幼小嬰孩身弱柔軟，仰向自臥大小便中，不能語父母，父母抱移離不淨處，澡浴其身令得淨潔？』彼人答曰：『見也，天王！』閻王復問：『汝於其後有識知時，何不作是念：我自有生法，不離於生，我應行妙身、口、意業。』彼人白曰：『天王！我了敗壞，長衰永失耶？』閻王告曰：『汝了敗壞，長衰永失！今當考汝，如治放逸行放逸人。汝此惡業非父母為，非王、非天，亦非沙門、梵志所為，汝本自作惡不善業，是故汝今必當受報。』

「閻王以此初天使善問、善撿、善教、善訶已，復以第二天使善問、善撿、善教、善訶：『汝頗曾見第二天使來耶？』彼人答曰：『不見也，天王！』閻王復問：『汝本不見一村邑中或男或女，年耆極老，壽過苦極命垂欲訖，齒落頭白身曲傴步，拄杖而行，身體戰動耶？』彼人答曰：『見也，天王！』閻王復問：『汝於其後有識知時，何不作是念：我自有老法，不離於老，我應行妙身、口、意業？』彼人白曰：『天王！我了敗壞，長衰永失耶？』閻王告曰：『汝了敗壞，長衰永失！今當考汝，如治放逸行放逸人。汝此惡業非父母為，非王非天，亦非沙門、梵志所為，汝本自作惡不善業，是故汝今必當受報。』

「閻王以此第二天使善問、善撿、善教、善訶已，復以第三天使善問、善撿、善教、善訶：『汝頗曾見第三天使來耶？』彼人答曰：『不見也，天王！』閻王復問：『汝本不見一村邑中或男或女，疾病困篤，或坐臥床，或坐臥榻，或坐臥地，身生極苦甚重苦，不可愛念，令促命耶？』彼人答曰：『見也，天王！』閻王復問：『汝於其後有識知時，何不作是念：我自有病法，不離於病，我應行妙身、口、意業？』彼人白曰：『天王！我了敗壞，長衰永失耶？』閻王告曰：

『汝了敗壞，長衰永失！今當考汝，如治放逸行放逸人。汝此惡行非父母為，非王、非天，亦非沙門、梵志所為，汝本自作惡不善業，是故汝今必當受報。』

「閻王以此第三天使善問、善撿、善教、善訶已，復以第四天使善問、善撿、善教、善訶：『汝頗曾見第四天使來耶？』彼人答曰：『不見也，天王！』閻王復問：『汝本不見一村邑中或男或女，若死亡時，或一、二日，至六、七日，烏鵄所啄，犲狼所食，或以火燒，或埋地中，或爛腐壞耶？』彼人答曰：『見也，天王！』閻王復問：『汝於其後有識知時，何不作是念：我自有死法，不離於死，我應行妙身、口、意業？』彼人白曰：『天王！我了敗壞，長衰永失耶？』

閻王告曰：『汝了敗壞，長衰永失！今當考汝，如治放逸行放逸人。汝此惡業非父母為，非王、非天，亦非沙門、梵志所為，汝本自作惡不善業，是故汝今必當受報。』

「閻王以此第四天使善問、善撿、善教、善訶已，復以第五天使善問、善撿、善教、善訶：『汝頗曾見第五天使來耶？』彼人答曰：『不見也，天王！』閻王復問：『汝本不見王人捉犯罪人，種種考治，截手截足，或截手足，截耳截鼻，或截耳鼻，或臠臠割，拔鬚、拔髮，或拔鬚髮，或著檻中衣裹火燒，或以沙壅草纏火燒，或內鐵驢腹中，或著鐵猪口中，或置鐵虎口中燒，或安銅釜中，或著鐵釜中煑，或段段截，或利叉刺，或以鉤鉤，或臥鐵床以沸油澆，或坐鐵臼以鐵杵擣，或以龍蛇*蜇，或以鞭鞭，或以杖撾，或以棒打，或生貫高標上，或梟其首耶？』彼人答曰：『見也，天王！』閻王復問：『汝於其後有識知時，何不作是念：我今現見惡不善法？』彼人白曰：『天王！我了敗壞，長衰永失耶？』閻王告曰：『汝了敗壞，長衰永失！今當考汝，如治放逸行放逸人。汝此惡業非父母為，非王、非天，亦非沙門、梵志所為，汝本自作惡不善業，是故汝今必當受報。』閻王以此第五天使善問、善撿、善教、善訶已，即付獄卒，獄卒便捉持，著四門大地獄中。於是頌曰：

四柱有四門，　壁方十二楞，　以鐵為垣墻，　其上鐵覆蓋。
地獄內鐵地，　熾燃鐵火布，　深無量由延，　乃至地底住。

極惡不可受，　火色難可視，　見已身毛竪，　恐懼怖甚苦。
彼墮生地獄，　脚上頭在下，　誹謗諸聖人，　調御善清善。

「有時於後極大久遠，為彼衆生故，四門大地獄東門便開，東門開已，彼衆生等⊙走來趣向，欲求安處，求所歸依。彼若集聚無量百千已，地獄東門便還自閉，彼於其中受極重苦，啼哭喚呼心悶臥地，終不得死，要令彼惡不善業盡。極大久遠，南門、西門、北門復開，北門開已，彼衆生等走來趣向，欲求安處，求所歸依。彼若集聚無量百千已，地獄北門復還自閉，彼於其中受極重苦，啼哭喚呼心悶臥地，終不得死，要令彼惡不善業盡。

「復於後時極大久遠，彼衆生等從四門大地獄出。四門大地獄次生峰巖地獄，火滿其中無煙無焰，令行其上往來周旋。彼之兩足皮肉及血，下足則盡，舉足則生，還復如故。治彼如是無量百千歲，受極重苦終不得死，要令彼惡不善業盡。

「復於後時極大久遠，彼衆生等從峰巖大地獄出。峰巖大地獄次生糞屎大地獄，滿中糞屎深無量百丈，彼衆生等盡墮其中。彼糞屎大地獄中生衆多蟲，蟲名凌瞿來，身白頭黑其觜如針，此蟲鑽破彼衆生足；破彼足已，復破腨腸骨；破腨腸骨已，復破髀骨；破髀骨已，復破臗骨；破臗骨已，復破脊骨；破脊骨已，復破肩骨、頸骨、頭骨；破頭骨已，食頭腦盡。彼衆生等如是逼迫無量百千歲，受極重苦終不得死，要令彼惡不善業盡。

「復於後時極大久遠，彼衆生等從糞屎大地獄出。糞屎大地獄次生鐵鍱林大地獄，彼衆生見已起清涼想，便作是念：『我等往彼，快得清涼。』彼衆生等走往趣向，欲求安處，求所歸依。彼若集聚無量百千已，便入鐵鍱林大地獄中。彼鐵鍱林大地獄中，四方則有大熱風來；熱風來已，鐵鍱便落；鐵鍱落時，截手、截足，或截手足，截耳、截鼻，或截耳鼻及餘支節，截身血塗無量百千歲，受極重苦終不得死，要令彼惡不善業盡。復次，彼鐵鍱林大地獄中生極大狗，牙齒極長，摯彼衆生，從足剝皮至頭便食，從頭剝皮至足便食，彼衆生等如是逼迫無量百千歲，受極重苦終不得死，要令彼惡不善業盡。復次，彼鐵鍱林大地獄中生大烏鳥，兩頭鐵喙，住衆生額，生挑眼吞，喙破頭骨取腦而食。彼衆生等如是逼迫無量百千歲，受極重苦終不得死，要令彼惡不善業盡。

「復於後時極大久遠，彼衆生等從鐵鍱林大地獄出。鐵鍱林大地獄次生鐵劍樹林大地獄，彼大劍樹高一由延，刺長尺六，令彼衆生使緣上下；彼上樹時，刺便下向；若下樹時，刺便上向；彼劍樹刺貫刺衆生，刺手、刺足，或刺手足，刺耳、刺鼻，或刺耳鼻及餘支節，刺身血塗無量百千歲，受極重苦終不得死，要令彼惡不善業盡。

「復於後時極大久遠，彼衆生等從鐵劍樹林大地獄出。鐵劍樹林大地獄次生灰河，兩岸極高周遍生刺，沸灰湯滿其中極闇。彼衆生見已，起冷水想：當有冷水。彼起想已，便作是念：『我等往彼，於中洗浴，恣意飽飲快得涼樂。』彼衆生等競走趣向，入於其中，欲求樂處，求所歸依。彼若集聚無量百千已，便墮灰河；墮灰河已，順流、逆流，或順逆流。彼衆生等順流、逆流，順逆流時，皮熟墮落，肉熟墮落，或皮肉熟俱時墮落，唯骨鱳在。灰河兩岸有地獄卒，手捉刀劍、大棒、鐵叉，彼衆生等欲度上岸，彼時獄卒還推著中。

「復次，灰河兩岸有地獄卒，手捉鉤羂，鉤挽衆生從灰河出，著熱鐵地洞燃俱熾，舉彼衆生極撲著地，在地旋轉，而問之曰：『汝從何來？』彼衆生等僉共答曰：『我等不知所從來處，但我等今唯患大飢。』彼地獄卒便捉衆生，著熱鐵床洞然俱熾，強令坐上，以熱鐵鉗鉗開其口，以熱鐵丸洞然俱熾，著其口中。彼熱鐵丸燒脣，燒脣已燒舌，燒舌已燒斷，燒斷已燒咽，燒咽已燒心，燒心已燒大腸，燒大腸已燒小腸，燒小腸已燒胴，燒胴已從身下過。彼如是逼迫無量百千歲，受極重苦終不得死，要令彼惡不善業盡。

「復次，彼地獄卒問衆生曰：『汝欲何去？』衆生答曰：『我等不知欲何所去，但患大渴。』彼地獄卒便捉衆生，著熱鐵床洞然俱熾，強令坐上，以熱鐵鉗鉗開其口，以沸洋銅灌其口中。彼沸洋銅燒脣，燒脣已燒舌，燒舌已燒斷，燒斷已燒咽，燒咽已燒心，燒心已燒大腸，燒大腸已燒小腸，燒小腸已燒胴，燒胴已從身下過。彼如是逼迫無量百千歲，受極重苦終不得死，要令彼惡不善業盡。

「若彼衆生地獄惡不善業不悉盡、不一切盡、盡無餘者，彼衆生等復墮灰河中，復上下鐵劍樹林大地獄，復入鐵鍱林大地獄，復墮糞屎大地獄，復往來峰巖大地獄，復入四門大地獄中。若彼衆生地獄惡不善業悉盡、一切盡、盡無餘者，彼於其後或入畜生，或墮餓鬼，或生天中。若彼衆生本為人時，不孝父母，不知尊敬沙門、梵志，不行如實，不作福業，不畏後世罪，彼受如是不愛、不念、不喜苦報，譬猶若彼地獄之中。若彼衆生本為人時，孝順父母，知尊敬沙門、梵志，行如實事，作福德業，畏後世罪，彼受如是可愛、可念、*可喜樂報，猶虛空神宮殿之中。

「昔者閻王在園觀中而作是願：我此命終，生於人中，若有族姓極大富樂，資財無量，畜牧產業不可稱計，封戶食邑種種具足。彼為云何？謂刹利大長者族，梵志大長者族，居士大長者族。若更有如是族，極大富樂，資財無量，畜牧產業不可稱計，封戶食邑種種具足，生如是家。生已覺根成就，如來所說正法之律，願得淨信。得淨信已，剃除鬚髮，著袈裟衣，至信捨家無家學道。族姓子所為剃除鬚髮，著袈裟衣，至信捨家無家學道者，唯無上梵行訖，於現法中自知自覺，自作證成就遊：生已盡，梵行已立，所作已辦，不更受有，知如真。昔者閻王在園觀中而作是願。於是頌曰：

為天使所訶，　人故放逸者，　長夜則憂慼，　謂弊欲所覆。
為天使所訶，　真實有上人，　終不復放逸，　善說妙聖法。
見受使恐怖，　求願生老盡，　無受滅無餘，　便為生老訖。

彼到安隱樂， 現法得滅度， 度一切恐怖， 亦度世間*流。」

佛說如是，彼諸比丘聞佛所說，歡喜奉行。

天使經第七竟（四千二百五字）

中阿含經卷第十二（九千九百三十九字）

中阿含王應品第六竟（一萬七千九百三十五字） 初一日誦訖

中阿含經卷第十三

東晉罽賓三藏瞿曇僧伽提婆譯

中阿含王相應品第一（有七經）　第二一日誦名小土城（有四品半合有五十二經）

烏鳥喻、說本，天㮈林、善見，三十喻、轉輪，蜱肆最在後。

(六五)中阿含王相應品烏鳥喻經第一

我聞如是：一時，佛遊王舍城，在竹林加蘭哆園。

爾時世尊告諸比丘：「昔轉輪王欲試珠寶時，便集四種軍：象軍、馬軍、車軍、步軍。集四種軍已，於夜闇中竪立高幢，安珠置上，出至園觀；珠之光耀照四種軍，明之所及方半由延。彼時有一梵志而作是念：『我寧可往見轉輪王及四種軍，觀琉璃珠。』爾時梵志復作是念：『且置見轉輪王及四種軍，觀琉璃珠，我寧可往至彼林間。』「於是梵志便往詣林，到已入中，至一樹下。坐已未久，有一獺獸來，梵志見已，而問之曰：『善來，獺獸！汝從何來？為欲何去？

』答曰：『梵志！此池本時清泉盈溢，饒藕多華，魚龜滿中，我昔所依而今枯熇。梵志！當知我欲捨去，入彼大河，我今欲去，唯畏於人。』時彼獺獸與此梵志共論是已，便捨而去，梵志故坐。

「復有究暮鳥來，梵志見已而問之曰：『善來，究暮鳥！汝從何來？為欲何去？』答曰：『梵志！此池本時清泉盈溢，饒藕多華，魚龜滿中，我昔所依而今枯熇。梵志！當知我欲捨去，依彼死牛聚處栖宿，或依死驢，或依死人聚處栖宿，我今欲去，唯畏於人。』彼究暮鳥與此梵志共論是已，便捨而去，梵志故坐。

「復有鷲鳥來，梵志見已而問之曰：『善來，鷲鳥！汝從何來？為欲何去？』答曰：『梵志！我從大墓復至大墓殺害而來，我今欲食死象之肉，死馬、死牛、死人之肉，我今欲去，唯畏於人。』時彼鷲鳥與此梵志共論是已，便捨而去，梵志故坐。

「復有食吐鳥來，梵志見已，而問之曰：『善來，食吐鳥！汝從何來？為欲何去？』答曰：『梵志！汝見向者鷲鳥去耶？我食彼吐，我今欲去，唯畏於人。』彼食吐鳥與此梵志共論是已，便捨而去，梵志故坐。

「復有犲獸來，梵志見已，而問之曰：『善來，犲獸！汝從何來？為欲何去？』答曰：『梵志！我從深澗至深澗，從榛莽至榛莽，從僻靜至僻靜處來。我今欲食死象肉，死馬、死牛、死人之肉，我今欲去，唯畏於人。』時彼犲獸與此梵志共論是已，便捨而去，梵志故坐。

「復有烏鳥來，梵志見已，而問之曰：『善來，烏鳥！汝從何來？為欲何去？』答曰：『梵志！汝強額癡狂，何為問我：汝從何來？為欲何去？』彼時烏鳥面訶梵志已，便捨而去，梵志故坐。

「復有狌狌獸來，梵志見已，而問之曰：『善來，狌狌獸！汝從何來？為欲何去？』答曰：『梵志！我從園至園，從觀至觀，從林至林，飲清泉水，食好果來，我今欲去，不畏於人。』彼狌狌獸與此梵志共論是已，便捨而去。」

佛告諸比丘：「吾說此喻，欲令解義，汝等當知此說有義。時彼獺獸與此梵志共論是已，便捨而去。吾說此喻有何義耶？若有比丘依村邑行，比丘平旦著衣持鉢入村乞食，不護於身，不守諸根，不立正念，而彼說法，或佛所說，或聲聞所說，因此得利，衣被、飲食、床褥、湯藥諸生活具。彼得利已，染著觸猗，不見災患，不能捨離，隨意而用。彼比丘行惡戒，成就惡法，最在其邊生弊腐敗，非梵行稱梵行，非沙門稱沙門。猶如梵志見獺獸已，而問之曰：『善來，獺獸！汝從何來？為欲何去？』答曰：『梵志！此池本時清泉盈溢，饒藕多華，魚龜滿中，我昔所依而今枯槁。梵志！當知我欲捨去，入彼大河，我今欲去，唯畏於人。』吾說比丘亦復如是，入惡不善穢汙法中，為當來有本煩熱苦報、生老病死因，是以比丘莫行如獺，莫依非法以自存命，當淨身行，淨口、意行，住無事中，著糞掃衣，常行乞食，次第乞食，少欲知足，樂住遠離而習精勤，立正念、正智、正定、正慧，常當遠離，應學如是。

「彼究暮鳥與此梵志共論是已，便捨而去。吾說此喻有何義耶？若有比丘依村邑行，比丘平旦著衣持鉢，入村乞食，不護於身，不守諸根，不立正念，彼入他家教化說法，或佛所說，或聲聞所說，因此得利，衣被、飲食、床褥、湯藥諸生活具。彼得利已，染著觸猗，不見災患，不能捨離，隨意而用。彼比丘⊙行惡戒，成就惡法，最在其邊生弊腐敗，非梵行稱梵行，非沙門稱沙門。猶如梵志見究暮已，而問之曰：『善來，究暮！汝從何來？為欲何去？』答曰：『梵志！此池本時清泉盈溢，饒藕多華，魚龜滿中，我昔所依而今枯熇。梵志！當知我今欲去，依彼死牛聚處栖宿，或依死驢，或依死人聚處栖宿，我今欲去，唯畏於人。』吾說比丘亦復如是，依惡不善穢汙之法，為當來有本煩熱苦報、生老病死因。是以比丘莫行如究暮，莫依非法以自存命，當淨身行，淨口、意行，住無事中，著糞掃衣，常行乞食，次第乞食，少欲知足，樂住遠離，而習精勤，立正念、正智、正定、正慧，常當遠離，應學如是。

「時彼鷲鳥與此梵志共論是已，便捨而去。吾說此喻有何義耶？若有比丘依村邑行，比丘平旦著衣持鉢，入村乞食，不護於身，不守諸根，不立正念，彼入*大家教化說法，或佛所說，或聲聞所說，因此得利，衣被、飲食、床褥、湯藥諸生活具。彼得利已，染著觸猗，不見災患，不能捨離，隨意而用。彼比丘行惡戒，成就惡法，最在其邊生弊腐敗，非梵行稱梵行，非沙門稱沙門。猶如梵志見鷲鳥已，而問之曰：『善來，鷲鳥！汝從何來？為欲何去？』答曰：『梵志！我從大墓復至大墓殺害而來，我今欲食死象之肉，死馬、死牛、死人之肉，我今欲去，唯畏於人。』吾說比丘亦復如是，是以比丘莫行如鷲鳥，莫依非法以自存命，當淨身行，淨口、意行，住無事中，著糞掃衣，常行乞食，次第乞食，少欲知足，樂住遠離，而習精勤，立正念、正智、正定、正慧，常當遠離，應學如是。

「彼食吐鳥與此梵志共論是已，便捨而去。吾說此喻有何義耶？若有比丘依村邑行，比丘平旦著衣持鉢，入村乞食，不護於身，不守諸根，不立正念，彼入比丘尼房教化說法，或佛所說，或聲聞所說，彼比丘尼入若干家說好說惡，受信施物持與比丘，因此得利，衣被、飲食、床褥、湯藥諸生活具。彼得利已，染著觸猗，不見災患，不能捨離，隨意而用。彼比丘行惡戒，成就惡法，最在其邊生弊腐敗，非梵行稱梵行，非沙門稱沙門。猶如梵志見食吐烏已，而問之曰：『善來，食吐烏！汝從何來？為欲何去？』答曰：『梵志！汝見向者鷲烏去耶？我食彼吐，我今欲去，唯畏於人。』吾說比丘亦復如是，是以比丘莫行如食吐烏，莫依非法以自存命，當淨身行，淨口、意行，住無事中，著糞掃衣，常行乞食，次第乞食，少欲知足，樂住遠離，而習精勤，立正念、正智、正定、正慧，常當遠離，應學如是。

「時彼豺獸與此梵志共論是已，便捨而去。吾說此喻有何義耶？

若有比丘依貧村住，彼若知村邑及城郭中多有智慧精進梵行者，即便避去。若知村邑及城郭中無有智慧精進梵行者，而來住中或九月或十月，諸比丘見已，便問：『賢者！何處遊行？』彼即答曰：『諸賢！我依某處貧村邑行。』諸比丘聞已，即作是念：『此賢者難行而行。所以者何？此賢者乃能依某貧村邑行。』諸比丘等便共恭敬禮事供養，因此得利，衣被、飲食、床褥、湯藥諸生活具。彼得利已，染著觸猗，不見災患，不能捨離，隨意而用。彼比丘行惡戒，成就惡法，最在其邊生弊腐敗，非梵行稱梵行，非沙門稱沙門。猶如梵志見犲獸已，而問之曰：『善來，犲獸！汝從何來？為欲何去？』答曰：『梵志！我從深澗至深澗，從榛莽至榛莽，從僻靜至僻靜處來，我今欲食死象之肉，死馬、死牛、死人之肉，我今欲去，唯畏於人。』吾說比丘亦復如是，是以比丘莫行如犲，莫依非法以自存命，當淨身行，淨口、意行，住無事中，著糞掃衣，常行乞食，次第乞食，少欲知足，樂住遠離，而習精勤，立正念、正智、正定、正慧，常當遠離，應學如是。

「彼時烏鳥面訶梵志已，便捨而去。吾說此喻有何義耶？若有比丘依貧無事處而受夏坐，彼若知村邑及城郭中多有智慧精進梵行者，即便避去。若知村邑及城郭中無有智慧精進梵行者，而來住中二月、三月，諸比丘見已，問曰：『賢者！何處夏坐？』答曰：『諸賢！我今依某貧無事處而受夏坐，我不如彼諸愚癡輩，作床成就，具足五事而住於中，中前中後，中後中前，口隨其味，味隨其口，求而求，索而索。』時諸比丘聞已，即作是念：『此賢者難行而行。所以者何？此賢者乃能依某貧無事處而受夏坐。』諸比丘等便共恭敬禮事供養，因此得利，衣被、飲食、床褥、湯藥諸生活具。彼得利已，染著觸猗，不見災患，不能捨離，隨意而用。彼比丘行惡戒，成就惡法，最在其邊生弊腐敗，非梵行稱梵行，非沙門稱沙門。猶如梵志見烏烏已，而問之曰：『善來，烏烏！汝從何來？為欲何去？』答曰：『梵志汝強額癡狂，何為問我：汝從何來？為欲何去？』吾說比丘亦復如是，是以比丘莫行如烏，莫依非法以自存命，當淨身行，淨口、意行，住無事中，著糞掃衣，常行乞食，次第乞食，少欲知足，樂住遠離，而習精勤，立正念、正智、正定、正慧，常當遠離，應學如是。

「彼狌狌獸與此梵志共論是已，便捨而去。吾說此喻有何義耶？若有比丘依村邑行，比丘平旦著衣持鉢，入村乞食，善護於身，守攝諸根，立於正念。彼從村邑乞食已竟，食訖，中後收舉衣鉢，澡洗手足，以尼師*壇著於肩上，或至無事處，或至樹下，或至空屋中，敷尼師檀，結*跏趺坐。正身正願，反念不向，斷除貪伺，心無有諍，見他財物，諸生活具，不起貪伺，欲令我得，彼於貪伺淨除其心。如是瞋恚、睡眠、*掉悔，斷疑度惑，於善法中無有猶豫，彼於疑惑淨除其心。彼已斷此五蓋心穢慧羸，離欲、離惡不善之法，至得第四禪成就遊。彼得如是定心清淨無穢無煩，柔軟善住得不動心，趣向漏盡智通作證，彼便知此苦如真，知此苦習、知此苦滅、知此苦滅道如真，知此漏、知此漏習、知此漏滅、知此漏滅道如真。彼如是知，如是見已，則欲漏心解脫，有漏、無明漏心解脫。解脫已，便知解脫：生已盡，梵行已立，所作已辦，不更受有，知如真。猶如梵志見狌狌已，而問之曰：『善來，狌狌！汝從何來？為欲何去？』答曰：『梵志！我從園至園，從觀至觀，從林至林，飲清泉水，噉好果來，我今欲去，不畏於人。』吾說比丘亦復如是。

「是以比丘莫行如獺，莫行如究暮，莫行如鶩，莫行如食吐烏，莫行如犲，莫行如烏，當行如狌狌。所以者何？世中無著真人如狌狌獸。」

佛說如是，彼諸比丘聞佛所說，歡喜奉行。

烏鳥喻經第一竟三千一百七十八字

(六六)中阿含王相應品說本經第二第二小土城誦

我聞如是：一時，佛遊波羅㮈，在仙人住處鹿野園中。

時諸比丘於中食後，以小因緣集坐講堂，共論此事：「云何？諸賢！居士在家何者為勝？為比丘等持戒妙法，成就威儀，入家受食耶？為朝朝益利百千萬倍乎？」

或有比丘作是說者：「諸賢！何用益利百千萬倍？唯此至要，若有比丘持戒妙法，成就威儀，入家受食，非為朝朝益利百千萬倍。」

是時尊者阿那律陀亦在衆中，於是尊者阿那律陀告諸比丘：「諸賢！何用益利百千萬倍？設復過是，唯此至要，若有比丘持戒妙法，成就威儀，入家受食，非為朝朝益利百千萬倍。所以者何？我憶昔時在此波羅㮈國為貧窮人，唯仰捃拾客擔生活。是時此波羅㮈國災旱早霜，蟲蝗不熟，人民荒儉，乞求難得。是時有一辟支佛，名曰無患，依此波羅㮈住。於是無患辟支佛過夜平旦，著衣持鉢，入波羅㮈而行乞食。我於爾時為捃拾故，早出波羅㮈。諸賢！我登出時，逢見無患辟支佛入彼。時無患辟支佛持淨鉢入，如本淨鉢出。

「諸賢！我時捃還入波羅㮈，復見無患辟支佛出。彼見我已，便作是念：『我旦入時，見此人出，我今還出，復見此人入，此人或能未得食也，我今寧可隨此人去。』時辟支佛便追尋我，如影隨形。諸賢！我持捃還到家，捨擔而迴顧視，便見無患辟支佛來追尋我後，如影隨形。我見彼已，便作是念：『我旦出時，見此仙人入城乞食，今此仙人或未得食，我寧可自闕己食，分與此仙人。』作是念已，即持食分與辟支佛，白曰：『仙人！當知此食是我己分，為慈愍故，願哀受之！』時辟支佛即答我曰：『居士！當知今年災旱，早霜、蟲蟥，五穀不熟，人民荒儉，乞求難得，汝可減半著我鉢中，汝自食半，俱得存命，如是者好。』我復白曰：『仙人！當知我在居家自有釜竈、有樵薪、有穀米，飲食早晚亦無時節。仙人！當為慈愍我故，盡受此食！』時辟支佛為慈愍故，便盡受之。

「諸賢！我因施彼一鉢食福，七反生天得為天王，七反生人復為人王。諸賢！我因施彼一鉢食福，得生如此釋種族中，大富豐饒多諸畜牧，封戶食邑資財無量，珍寶具足。諸賢！我因施彼一鉢食福，棄捨百千姟金錢王，出家學道，況復其餘種種雜物！諸賢！我因施彼一鉢食福，為王、王臣、梵志、居士，一切人民所見識待，及四部衆比丘、比丘尼、優婆塞、優婆夷所見敬重。諸賢！我因施彼一鉢食福，常為人所請求，令受飲食、衣被、氍氀毾㲪、床褥綩綖、病瘦湯藥諸生活具，非不請求。若我爾時知彼沙門是無著真人者，所獲福報當復轉倍，受大果報極妙功德，明所徹照極廣甚大。」

於是尊者阿那律陀無著真人逮正解脫，說此頌曰：

我憶昔貧窮，唯仰捃拾活，闕已供沙門，無患最上德。
因此生釋種，名曰阿那律，善解能歌舞，作樂常歡喜。
我得見世尊，正覺如甘露，見已生信樂，棄捨家學道。
我得識宿命，知本之所生，生三十三天，七反住於彼。
此七彼亦七，世受生十四，人間及天上，初不墮惡處。
我今知死生，衆生往來處，知他心是非，賢聖五娛樂。
得五支禪定，常息心靜默，已得靜正住，便逮淨天眼。
所為今學道，遠離棄捨家，我今獲此義，得入佛境界。
我不樂於死，亦不願於生，隨時任所適，建立正念智。
隨耶離竹林，我命在彼盡，當在竹林下，無餘般涅槃。

爾時世尊在於燕坐，以淨天耳出過於人，聞諸比丘於中食後集坐講堂，共論此事。世尊聞已，則於晡時從燕坐起，往至講堂比丘衆前，敷座而坐，問諸比丘：「汝等今日以何事故集坐講堂？」

時諸比丘白曰：「世尊！我等今日以尊者阿那律陀因過去事而說法故，集坐講堂。」

於是世尊告諸比丘：「汝等今日欲從佛聞因未來事而說法耶？」

諸比丘白曰：「世尊！今正是時。善逝！今正是時。若世尊為諸比丘因未來事而說法者，諸比丘聞已，當善受持。」

世尊告曰：「諸比丘！諦聽！諦聽！善思念之，吾當為汝廣分別說。」

時諸比丘受教而聽，世尊告曰：「諸比丘！未來久遠，當有人民壽八萬歲。人壽八萬歲時，此閻浮洲極大富樂，多有人民，村邑相近如雞一飛。諸比丘！人壽八萬歲時，女年五百乃當出嫁。諸比丘！人壽八萬歲時，唯有如是病，謂寒、熱、大小便、欲、飲食、老，更無餘患。諸比丘！人壽八萬歲時，有王名螺，為轉輪王，聰明智慧，有四種軍整御天下，由己自在，如法法王成就七寶。彼七寶者，輪寶、象寶、馬寶、珠寶、女寶、居士寶、主兵臣寶，是為七。千子具足，顏貌端正，勇猛無畏能伏他衆。彼當統領此一切地乃至大海，不以刀杖，以法教令，令得安樂。有大金幢諸寶嚴飾，舉高千肘圍十六肘，彼當豎之。既豎之後，下便布施沙門、梵志、貧窮、孤獨、遠來、乞者，以飲食、衣被、車乘、華鬘、散華、塗香、屋舍、床褥、氍氀、綩綖、給使、明燈。彼施此已，便剃除鬚髮，著袈裟衣，至信捨家，無家學道。彼族姓子所為，剃除鬚髮，著袈裟衣，至信捨家，無家學道者，唯無上梵行訖，於現法中自知自覺，自作證成就遊：生已盡，梵行已立，所作已辦，不更受有，知如真。」

爾時尊者阿夷哆在衆中坐，於是尊者阿夷哆即從坐起，偏袒著衣，叉手向佛，白曰：「世尊！我於未來久遠人壽八萬歲時，可得作王，號名曰螺，為轉輪王，聰明智慧，有四種軍整御天下，由己自在，如法法王成就七寶。彼七寶者，輪寶、象寶、馬寶、珠寶、女寶、居士寶、主兵臣寶，是為七。我當有千子具足，顏貌端正，勇猛無畏能伏他衆。我當統領此一切地乃至大海，不以刀杖，以法教令，令得安樂。有大金幢諸寶嚴飾，舉高千肘圍十六肘，我當竪之。既竪之後，下便布施沙門、梵志、貧窮、孤獨、遠來、乞者，以飲食、衣被、車乘、花鬘、散華、塗香、屋舍、床褥、氍氀、綩綖、給使、明燈。我施此已，便剃除鬚髮，著袈裟衣，至信捨家，無家學道。我族姓子所為，剃除鬚髮，著袈裟衣，至信捨家，無家學道者，唯無上梵行訖，於現法中自知自覺，自作證成就遊：生已盡，梵行已立，所作已辦，不更受有，知如真。」

於是世尊訶尊者阿夷哆曰：「汝愚癡人！應更一死而求再終。所以者何？謂汝作是念：『世尊！我於未來久遠人壽八萬歲時，可得作王，號名曰螺，為轉輪王，聰明智慧，有四種軍整御天下，由己自在，如法法王成就七寶。彼七寶者，輪寶、象寶、馬寶、珠寶、女寶、居士寶、主兵臣寶，是為七。我當有千子具足，顏貌端正，勇猛無畏，能伏他衆。我當統領此一切地乃至大海，不以刀杖，以法教令，令得安樂。有大金幢諸寶嚴飾，舉高千肘圍十六肘，我當豎之。既豎之後，下便布施沙門、梵志、貧窮、孤獨、遠來、乞者，以飲食、衣被、車乘、華鬘、散華、塗香、屋舍、床褥、氍氀、綩綖、給使、明燈。我施此已，便剃除鬚髮，著袈裟衣，至信捨家，無家學道。我族姓子所為，剃除鬚髮，著袈裟衣，至信捨家，無家學道者，唯無上梵行訖，於現法中自知自覺，自作證成就遊：生已盡，梵行已立，所作已辦，不更受有，知如真。』」

世尊告曰：「阿夷哆！汝於未來久遠人壽八萬歲時，當得作王，號名曰螺，為轉輪王，聰明智慧，有四種軍整御天下，由己自在，如法法王成就七寶。彼七寶者，輪寶、象寶、馬寶、珠寶、女寶、居士寶、主兵臣寶，是為七。汝當有千子具足，顏貌端正，勇猛無畏能伏他衆。汝當統領此一切地乃至大海，不以刀杖，以法教令，令得安樂。有大金幢諸寶嚴飾，舉高千肘圍十六肘，汝當竪之。既竪之後，下便布施沙門、梵志、貧窮、孤獨、遠來、乞者，以飲食、衣被、車乘、華鬘、散華、塗香、屋舍、床褥、氍氀、綩綖、給使、明燈。汝施此已，便剃除鬚髮，著袈裟衣，至信捨家，無家學道。汝族姓子所為，剃除鬚髮，著袈裟衣，至信捨家，無家學道者，唯無上梵行訖，於現法中自知自覺，自作證成就遊：生已盡，梵行已立，所作已辦，不更受有，知如真。」

佛告諸比丘：「未來久遠人壽八萬歲時，當有佛，名彌勒如來、無所著、等正覺、明行成為、善逝、世間解、無上士、道法御、天人師、號佛、衆祐，猶如我今已成如來、無所著、等正覺、明行成為、善逝、世間解、無上士、道法御、天人師、號佛、衆祐。彼於此世，天及魔、梵、沙門、梵志，從人至天，自知自覺，自作證成就遊；猶如我今於此世，天及魔、梵、沙門、梵志，從人至天，自知自覺，自作證成就遊。彼當說法，初妙、中妙、竟亦妙，有義有文，具足清淨，顯現梵行；猶如我今說法，初妙、中妙、竟亦妙，有義有文，具足清淨，顯現梵行。彼當廣演流布梵行，大會無量，從人至天，善發顯現；猶如我今廣演流布梵行，大會無量，從人至天，善發顯現。彼當有無量百千比丘眾，猶如我今無量百千比丘眾。」

爾時尊者彌勒在彼眾中，於是尊者彌勒即從坐起，偏袒著衣，叉手向佛，白曰：「世尊！我於未來久遠人壽八萬歲時，可得成佛，名彌勒如來、無所著、等正覺、明行成為、善逝、世間解、無上士、道法御、天人師、號佛、眾祐，如今世尊、如來、無所著、等正覺、明行成為、善逝、世間解、無上士、道法御、天人師、號佛、眾祐。我於此世，天及魔、梵、沙門、梵志，從人至天，自知自覺，自作證成就遊；如今世尊於此世，天及魔、梵、沙門、梵志，從人至天，自知自覺，自作證成就遊。我當說法，初妙、中妙、竟亦妙，有義有文，具足清淨，顯現梵行；如今世尊說法，初妙、中妙、竟亦妙，有義有文，具足清淨，顯現梵行。我當廣演流布梵行，大會無量，從人至天，善發顯現；如今世尊廣演流布梵行，大會無量，從人至天，善發顯現。我當有無量百千比丘眾，如今世尊無量百千比丘眾。」

於是世尊歎彌勒曰：「善哉！善哉！彌勒！汝發心極妙，謂領大眾。所以者何？如汝作是念：『世尊！我於未來久遠人壽八萬歲時，可得成佛，名彌勒如來、無所著、等正覺、明行成為、善逝、世間解、無上士、道法御、天人師、號佛、眾祐，如今世尊、如來、無所著、等正覺、明行成為、善逝、世間解，無上士、道法御、天人師、號佛、衆祐。我於此世，天及魔、梵、沙門、梵志，從人至天，自知自覺，自作證成就遊；如今世尊於此世，天及魔、梵、沙門、梵志，從人至天，自知自覺，自作證成就遊。我當說法，初妙、中妙、竟亦妙，有義有文，具足清淨，顯現梵行；如今世尊說法，初妙、中妙、竟亦妙，有義有文，具足清淨，顯現梵行。我當廣演流布梵行，大會無量，從人至天，善發顯現；如今世尊廣演流布梵行，大會無量，從人至天，善發顯現。』」

佛復告曰：「彌勒！汝於未來久遠人壽八萬歲時，當得作佛，名彌勒如來、無所著、等正覺、明行成為、善逝、世間解、無上士、道法御、天人師、號佛、衆祐，猶如我今如來、無所著、等正覺、明行成為、善逝、世間解、無上士、道法御、天人師、號佛、衆祐。汝於此世，天及魔、梵、沙門、梵志，從人至天，自知自覺，自作證成就遊；猶如我今於此世，天及魔、梵、沙門、梵志，從人至天，自知自覺，自作證成就遊。汝當說法，初妙、中妙、竟亦妙，有義有文，具足清淨，顯現梵行；猶如我今說法，初妙、中妙、竟亦妙，有義有文，具足清淨，顯現梵行。汝當廣演流布梵行，大會無量，從人至天，善發顯現；猶如我今廣演流布梵行，大會無量，從人至天，善發顯現。汝當有無量百千比丘衆，猶如我今無量百千比丘衆。」

爾時尊者阿難執拂侍佛，於是世尊迴顧告曰：「阿難！汝取金縷織成衣來，我今欲與彌勒比丘。」

爾時尊者阿難受世尊教，即取金縷織成衣來，授與世尊。於是世尊從尊者阿難受此金縷織成衣已，告曰：「彌勒！汝從如來取此金縷織成之衣，施佛、法、衆。所以者何？彌勒！諸如來、無所著、等正覺為世間護，求義及饒益，求安隱快樂。」

於是尊者彌勒從如來取金縷織成衣已，施佛、法、衆。

時魔波旬便作是念：「此沙門瞿曇遊波羅㮈仙人住處鹿野園中，彼為弟子因未來說法，我寧可往而嬈亂之。」

時魔波旬往至佛所，到已向佛即說頌曰：

彼必定當得，　容貌妙第一，　華鬘瓔珞身，　明珠佩其臂，若在鞞頭城，　螺王境界中。

於是世尊而作是念：「此魔波旬來到我所，欲相嬈亂。」

世尊知已，為魔波旬即說頌曰：

彼必定當得，　無伏無疑惑，　斷生老病死，　無漏所作訖，

若行梵行者，　彌勒境界中。

於是魔王復說頌曰：

彼必定當得，　名衣上妙服，　*栴檀以塗體，　身牖直姝長，

若在鞞頭城，　螺王境界中。

爾時世尊復說頌曰：

彼必定當得，　無主亦無家，　手不持金寶，　無為無所憂，

若行梵行者，　彌勒境界中。

於是魔王復說頌曰：

彼必定當得，　名財好飲食，　善能解歌舞，　作樂常歡喜，

若在雞頭城，　螺王境界中。

爾時世尊復說頌曰：

彼為必度岸，　如鳥破網出，　得禪自在遊，　具樂常歡喜，

汝魔必當知，　我已相降伏。

於是魔王復作是念：「世尊知我！善逝見我！」愁惱憂慼不能得住，即於彼處忽沒不現。

佛說如是，彌勒、阿夷哆、尊者阿難及諸比丘聞佛所說，歡喜奉

行。

說本經第二竟一千四字

中阿含經卷第十三 七千一百七十九字　第二小土城誦

南無護法韋馱尊天菩薩

中阿含經

主　編—全佛編輯部
出版者—全佛文化出版社
地址／台北市信義路三段二〇〇號五樓
永久信箱／台北郵政二六～三四一號信箱
電話／（〇二）七〇一一〇五七・七〇一〇九四五
郵撥／一七六二六五五八　全佛文化出版社
全套定價—新台幣一二〇〇元（八冊）
初　版—一九九七年四月

國家圖書館出版品預行編目資料

中阿含經／（東晉）罽賓三藏瞿曇僧伽提婆譯；全佛編輯部主編. --初版. --臺北市：全佛文化，1997［民86］
冊；　公分

ISBN 957-9462-68-2(一套：平裝)

1.小乘經典

221.82　　86004085

隨身佛典

中阿含經

東晉罽賓三藏瞿曇僧伽提婆　譯

隨身佛典

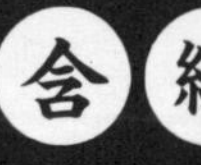

東晉罽賓三藏瞿曇僧伽提婆 譯

隨身佛典

中阿含經

東晉罽賓三藏瞿曇僧伽提婆　譯

佛典

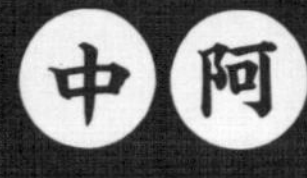

東晉罽賓三藏瞿曇僧伽提婆　譯